VIE POPULAIRE

DE

BONCHAMPS,

PAR

M. THÉODORE MURET.

Paris,

CHEZ DENTU, LIBRAIRE, PALAIS-ROYAL,

GALERIE VITRÉE, 13.

—

1845

IMPRIMERIE PROUX ET Cᵉ, RUE NEUVE-DES-BONS-ENFANS, 3.

BONCHAMPS.

CHAPITRE PREMIER.

Origine et naissance de Bonchamps. — Ses campagnes dans l'Inde. — Son retour en France. — Lors de la révolution, il quitte le service et se retire à la Baronnière. — Persécutions exercées contre lui. — Les paysans soulevés le mettent à leur tête. — Premiers combats. — Repos des Pâques. — Nouveau rassemblement. — Retraite sur Tiffauges. — Victoire de la Chapelle-du-Genêt.

La famille de Bonchamps est une des plus considérées et des plus anciennes de la noblesse angevine. Dès l'année 1218, les seigneurs de Bonchamps se trouvent cités comme ayant rendu hommage au roi, en qualité d'écuyers, pour la terre de Pierrefitte. Mais si vaillans et loyaux gentilshommes qu'ils pussent être, c'est un de leurs descendans qui, bien long-temps après, a fait, en quelques mois, l'immortalité de ce nom.

Charles-Melchior-Artus, marquis de Bonchamps, naquit

au château de Crucifix, près Châteauneuf, en Anjou, le 10 mai 1760. Tout jeune, il joignit à la bonté la plus aimable le goût prononcé de l'état militaire. Ses études achevées, il entra au service. Il était lieutenant au régiment d'Aquitaine, infanterie, quand ce corps fut envoyé dans l'Inde. C'était en 1782, lors de la guerre avec les Anglais. Le célèbre bailli de Suffren commandait, dans ces parages, l'escadre française, et, sur terre comme sur mer, l'honneur de nos armes fut glorieusement soutenu.

Le comte (depuis duc) Étienne de Damas était colonel en second du régiment d'Aquitaine. Dans la suite, il écrivait en parlant de Bonchamps : « Il était chéri de ses » camarades, estimé de ses chefs : on pouvait dès lors » juger par son application au travail et son exactitude au » service, qu'il deviendrait un officier distingué. »

La paix étant faite, Bonchamps s'embarqua, en juillet 1785, avec son régiment, pour revenir en France. Il avait alors le grade de capitaine de grenadiers. Dans la traversée, il fut atteint d'une maladie violente, qui le réduisit à l'extrémité. La vie parut même si complètement éteinte, que déjà l'on allait lui donner l'Océan pour sépulture. Un sergent de sa compagnie, nommé Villefranche, comme par une inspiration d'en haut, conçoit quelques doutes sur la réalité de la mort. Il demande avec supplication que l'on veuille bien encore attendre. On y consent. En effet, quelques signes de vie se manifestent : un heureux retour s'opère ; le brave Villefranche, par ses soins dévoués, prend à tâche d'achever son œuvre, et Bonchamps recouvre la santé. Dieu l'avait gardé presque miraculeusement pour accomplir sa glorieuse destinée.

Cette épreuve ne fut pas la seule du voyage. La longueur de la traversée avait épuisé les vivres. En présence des angoisses de la famine, les plus fermes courages se laissaient aller au désespoir. A peine rétabli, Bonchamps exhorte et soutient ses compagnons abattus; il ranime en eux l'espérance et la force, et l'on touche enfin la terre de France.

Peu après, Bonchamps épousa mademoiselle de Scépeaux, alliance digne de lui, non seulement par le rang, mais encore par la communauté de vertus. Le mariage se fit à Paris. Aussitôt après, Bonchamps conduisit sa jeune femme à sa terre de la Baronnière, dans la paroisse de la Chapelle-Saint-Florent. Ils arrivèrent, pour passer la Loire, au hameau de la Meilleraie, vis-à-vis de Saint-Florent, l'endroit même où Bonchamps devait mourir. Le temps était si orageux, la Loire si agitée, que les bateliers refusaient de se risquer. Ils n'y consentirent qu'à condition que M. de Bonchamps, lui qui avait navigué sur mer, ferait l'office de pilote et se chargerait de tenir le gouvernail. Grâce à sa présence d'esprit, la traversée s'opéra sans encombre. C'eût été bien du malheur, de faire naufrage sur la Loire, après avoir échappé aux périls de la guerre, de la maladie, de la mer et de la famine.

Au bout de deux mois, Bonchamps alla rejoindre son régiment dans la petite place de Longwy, sur la frontière champenoise. Bientôt éclatèrent les premiers troubles, précurseurs de la chute du trône. Le nouveau serment militaire fut refusé par les officiers fidèles au roi, comme le nouveau serment ecclésiastique par les prêtres fidèles à Dieu. Le régiment d'Aquitaine était alors en garnison à Landau : Bonchamps ne pouvait hésiter, il donna sa démission.

Revenu à la Baronnière, entouré d'une population qui le chérissait, et que l'esprit de révolte et d'impiété n'avait pu corrompre, Bonchamps comptait vivre dans la retraite, tout entier à la religion et à sa famille : il prévoyait bien des malheurs; mais son âme si pure ne pouvait deviner tous les crimes.

Cependant l'audace des factieux, les dangers du roi

augmentaient de jour en jour. Dans l'espoir de se rendre utile à la bonne cause, Bonchamps quitta sa paisible demeure et partit pour Paris. Lors de l'affreuse journée du 10 août, son hôtel, situé dans le quartier du Marais, servit d'asile à MM. Charles d'Autichamp, son cousin, et Henri de la Rochejaquelein, bientôt après ses compagnons d'armes. Mais cet hôtel même fut désigné comme renfermant de la poudre. Le 2 septembre, pendant les massacres des prisons, on vint y faire des recherches. En effet, un petit baril de poudre était enfoui dans le jardin : par bonheur on ne le trouva pas.

Voyant qu'il n'y avait plus rien à faire à Paris pour la cause royale, Bonchamps reprit la route de l'Anjou ; mais il n'y retrouva pas la tranquillité. Les dernières barrières étaient tombées : le crime était maître souverain, et toute vertu passait pour un complot. D'ailleurs Bonchamps avait de la fortune, et la révolution prenait pour devise : *Guerre aux châteaux, paix aux chaumières*, attendu qu'il y avait davantage à piller dans les châteaux ; ce qui n'empêcha pas les chaumières d'avoir leur tour.

Signalé comme séditieux, c'est à dire comme honnête homme, Bonchamps fut obligé de comparaître devant le tribunal du département de Maine-et-Loire. Son sang-froid le sauva ; mais les révolutionnaires ne s'en tinrent pas à cette première tentative. Des journaliers qui travaillaient à la Baronnière, avaient accroché sur un arbre un bonnet de la liberté ; puis ils crièrent publiquement *à bas ! à bas !* Il n'est pas douteux que ces hommes eussent été payés pour jouer cette odieuse comédie et compromettre M. de Bonchamps. En effet, les révolutionnaires firent grand bruit de cette affaire. Toutefois leurs manœuvres échouèrent encore devant la prudente circonspection qu'il s'était imposée, ne voulant fournir de prétexte ni contre lui ni contre la population fidèle.

Mais sa réserve ne put tenir à l'horrible nouvelle de la mort du roi. L'indignation et la douleur le jetèrent dans un état qui, pendant plusieurs jours, fit craindre pour sa vie.

Peu après, la levée des trois cent mille hommes fit éclater les dispositions qui fermentaient dans tout le Bocage. De leur propre mouvement les habitans des Mauges se levèrent. Vers le 14 mars 1793, en même temps que Cathelineau obtenait à Jallais, à Chemillé, à Cholet ses premières victoires, la Chapelle-Saint-Florent, le Marillais, et autres paroisses voisines de la Baronnière, envoyèrent une députation à Bonchamps pour le prier d'être leur chef, comme ancien militaire et propriétaire connu et respecté dans tout le canton.

Bonchamps demanda du temps pour réfléchir : prêt à tout mettre en jeu, ses biens, sa vie, il ne craignait que pour ces braves gens, et leur fit sentir les dangers de l'entreprise. Ils insistèrent dans les termes les plus pressans. « — Eh bien ! » leur dit-il, « êtes-vous irrévocablement » décidés à tout sacrifier à la cause sacrée que vous vou- » lez défendre ? Promettez-vous de ne jamais l'abandonner ? » — Oui, oui ! » s'écrièrent-ils d'une voix unanime. « — Jurez donc, » reprit Bonchamps, « d'être fidèles à » notre sainte religion, à notre jeune roi détenu dans les » fers, enfin à la royauté, à la patrie ! » Tous en firent le serment, aux cris de *Vive le roi ! Vivent les princes ! Vive la religion !*

Bonchamps reprit la parole pour les exhorter à s'abstenir de toute cruauté, de toute violence. Les paysans le lui promirent, et cette promesse a été fidèlement gardée, comme les autres. Il fit ses adieux à sa femme qui était grosse, à ses deux jeunes enfans (un fils et une fille). Il ne dissimula pas à madame de Bonchamps les conséquences de la lutte qui s'ouvrait. — « Armez-vous de courage, » lui dit-il, « redoublez de patience et de résignation, vous » en aurez besoin; il ne faut pas s'abuser, nous ne devons » point aspirer aux récompenses de la terre, elles seraient » au dessous de la pureté de nos motifs et de la sainteté de » notre cause. Nous ne devons même pas prétendre à la » gloire humaine : les guerres civiles n'en donnent point. » (En cela, sa modestie le trompait, car cette guerre pure, belle, nationale, légitime par excellence, lui a donné la gloire humaine aussi bien que la gloire du ciel.) « Nous » verrons, » continua-t-il, « brûler nos châteaux, nous » serons dépouillés, proscrits, outragés, calomniés et peut- » être immolés ! Remercions Dieu de nous accorder ces » lumières, puisque cette prévoyance, en redoublant le mé- » rite de nos actions, nous fera jouir par avance de l'espoir » céleste que doivent donner la constance inébranlable dans » les périls et le véritable héroïsme dans les revers. Enfin, » élevons nos âmes et toutes nos pensées vers le ciel : c'est » là que nous trouverons un guide qui ne peut égarer, une » force que rien ne saurait ébranler, et un prix infini pour » les travaux d'un moment. »

Puis, M. de Bonchamps partit pour Saint-Florent, avec les paysans, presque tous n'ayant pour armes que des four- ches, des faulx, des bâtons, mais enchantés de le voir à leur tête.

Déjà tout le pays voisin était délivré. Bonchamps enleva d'abord au général républicain Gauvillier un convoi de poudre, ressource bien précieuse ; puis, réuni à Cathelineau, Stofflet et d'Elbée, il se présenta devant Chalonnes. Les insurgés était au nombre de cinq mille. Chalonnes était couvert par quelques retranchemens et occupée par trois mille garde nationaux. Les chefs royalistes firent une som- mation que deux prisonniers, habitans de la ville, les sieurs Bousseau et Lebrun, portèrent à leurs compatriotes. Le maire, nommé Vial, assembla le conseil, qui jura, dans les termes les plus pompeux, de combattre et de mourir pour la République. Mais, dans la nuit, ces fiers patriotes prirent peur; au lieu de mourir, ils firent prudemment retraite ; la ville fut presqu'entièrement évacuée, et le lendemain, 20 mars, les royalistes y entrèrent sans aucune résistance. Selon leur usage, ils brûlèrent l'arbre de la liberté, les papiers des administrations, les écharpes tricolores ; mais ils renvoyèrent généreusement leurs prisonniers.

Après cette conquête, l'armée fut presqu'entièrement dissoute à cause de la fête de Pâques, qui, cette année-là, tombait le 31 mars. Les curés *intrus* avaient fui ; les *bons prêtres* étaient rétablis dans tout le territoire insurgé ; les paysans voulaient en profiter pour faire leurs dévotions dans leurs paroisses. Le jour du mercredi saint, Toussaint Renou, de Beaulieu, métayer de mademoiselle de Grignon, qui, depuis, épousa M. Soyer l'aîné, retournait ainsi chez lui, et cheminait seul, quand il tomba dans une colonne républicaine commandée par le général Bardou. Toussaint Renou portait, comme tous les soldats royalistes, un sacré-cœur sur la poitrine ; on le somme de se rendre ; au lieu d'obéir, il court droit au général, enfonce sa baïonnette dans le corps de l'aide-de-camp qui l'accompagne, lui tire à lui-même son coup de fusil, puis, tenant en respect les Bleus qui le poursuivent, parvient à faire sa retraite, avec une seule blessure légère.

Il ne resta autour des chefs qu'une troupe peu nombreuse, principalement composée des deux compagnies de chasseurs que Bonchamps, dès les premiers jours, avait régulièrement organisées. Les républicains, retirés sur l'autre bord de la Loire, rassemblaient leurs forces et préparaient leur plan de campagne. De leur côté, les commandans royalistes concertaient à Saint-Florent leurs opérations futures. Cathelineau, l'obscur paysan, Stofflet, le garde-chasse, se trouvaient ainsi les collègues et les égaux du marquis de Bonchamps, qui adoptait cette égalité de bien bon cœur, car on n'avait qu'une même pensée, le succès de la cause commune, et le dévoûment à cette cause était la meilleure noblesse.

Pendant ces conférences, on vint avertir Bonchamps qu'un détachement républicain dévastait et brûlait son château de la Baronnière. Ses chasseurs lui demandent à grands cris la permission de marcher contre ces forcénés. « — Mes amis, » leur répond-il avec son calme habituel, « je vous remercie des preuves d'attachement et de fidélité » que vous me donnez chaque jour, et particulièrement » dans ce moment ; j'y suis vivement sensible ; mais je ne » veux pas qu'il soit dit que j'ai fait verser une seule goutte » de sang des soldats de mon roi pour la défense de mes » propriétés. »

La Baronnière fut donc réduite en cendres. Vis-à-vis de ces décombres fumans, Bonchamps engagea tout ce qui lui restait pour entretenir à ses frais ses compagnies régulières. Un ami lui représentait qu'il achevait ainsi de se ruiner, lui et les siens : « — Nous en aurons toujours assez, » répondit-il, « si j'ai le bonheur de revoir mon roi, et, dans » le cas contraire, nous n'aurons plus besoin de rien. »

Ainsi, Bonchamps, en devenant général, commençait par ne plus avoir de maison. Il menait avec lui sa femme et ses enfans, à la suite de l'armée. Quand on en venait aux mains, il les laissait dans quelque village, dans quelque habitation des environs ; et son jeune fils, promptement accoutumé au bruit du canon, disait, avec la naïve gaîté de son âge : *Papa bat les Bleus !*

Il n'y eut, pendant ce repos des Pâques, qu'une seule affaire, à Saint-Lambert du Lattay, le Vendredi-Saint, 29 mars. Les royalistes, attaqués par des forces trop supérieures, durent se replier sur Chemillé, après une glorieuse lutte. Bruno, dit Six-Sous, qui dirigeait l'artillerie conquise par eux, ayant été convaincu de trahison, paya son crime de sa vie. L'or des Bleus, trouvé sur lui, aurait souillé des mains fidèles : la rivière du Layon l'engloutit.

Après les Pâques, les paysans, ayant puisé au pied des autels un nouveau courage, revinrent en foule sous leurs drapeaux. Les Bleus, dès-lors, appelaient *Vendéens* tous les insurgés royalistes de la rive gauche de la Loire, leur étendant le nom d'un des quatre départemens où la guerre avait éclaté. L'histoire a consacré ce nom, donné par hasard. La révolution qualifiait aussi de *rebelles* et de *brigands* ces hommes armés pour Dieu, pour le roi, pour la vraie liberté. Le bon ordre, aux yeux des révolutionnaires, c'était la paisible possession du fruit de leurs violences et de leurs crimes; dans leur langage, on troublait la paix publique, on était coupable de rébellion, quand on voulait remettre toutes choses à la place naturelle, et venger les lois divines et humaines.

Berruyer, commandant en chef des Bleus, à la tête d'une nombreuse armée, composée, en partie, de troupes de ligne, avait combiné un plan d'invasion générale. D'Angers et de Saumur, il voulait, en appuyant sa droite à la Loire, pousser les insurgés devant lui jusqu'à la mer. Le 11 avril, les divers rassemblemens qui couvraient la Vendée angevine, furent attaqués tous à la fois. Bonchamps était au Mesnil, sur les bords du fleuve : il défendit ce poste avec intrépidité; mais les munitions lui manquèrent absolument : les Vendéens n'avaient aucun magasin, et chaque affaire consommait les cartouches conquises dans le précédent combat. Bonchamps dut se replier. Cathelineau, Stofflet, d'Elbée, se trouvant dans la même pénurie, furent obligés de se retirer aussi. Cholet et Beaupréau retombèrent au pouvoir des républicains.

Le coup d'œil militaire de Bonchamps lui indiqua Tiffauges comme la meilleure position où l'on pût se concentrer. Ce bourg est avantageusement situé sur une hauteur, derrière la Sèvre. Toute l'armée angevine s'y porta, suivie d'une foule de femmes et de vieillards, qui fuyaient la cruauté républicaine.

On attendait à Tiffauges l'attaque des Bleus, sans pouvoir leur oppos r un seul coup de fusil, lorsque Henri de La Rochejaquelein, qui venait de débuter par la brillante victoire des Aubiers, accourut avec ses Poitevins. Aussitôt on reprend l'offensive. On rentre, le 16 avril, dans Cholet. Le 19, à Vézins, Ligonnier est écrasé par Cathelineau, La Rochejaquelein, d'Elbée et Stofflet; puis, ce fut le tour de Gauvillier, qui avait passé la Loire à Saint-Florent et occupait Beaupréau et les environs.

Le 22 avril, tandis que Cathelineau et d'Elbée se chargeaient d'enlever le pont sur l'Èvre, en avant de la ville, Bonchamps attaqua les bataillons postés dans le bourg et le cimetière de la Chapelle-du-Genêt. Après un combat très vif, les Bleus eurent déroute complète. — « Faites des prisonniers, faites des prisonniers! » criait Bonchamps pour arrêter le carnage. D'Elbée et Cathelineau, pendant ce temps, se rendirent maîtres de Beaupréau, que l'ennemi joncha de ses morts. Huit canons, plusieurs centaines de prisonniers, parmi lesquels un escadron de dragons tout monté, tels furent les trophées de cette journée. Les républicains évacuèrent de nouveau le pays, ils se hâtèrent de repasser la Loire, et toute la Vendée angevine respira sous le vieux drapeau de la France.

CHAPITRE II.

Bataille et prise de Thouars.— Noble procédé de Bonchamps envers le républicain Quetineau. — Territoire, organisation et principaux officiers de l'armée de Bonchamps. — Seconde bataille de Fontenay. — Habiles dispositions de Bonchamps. — Il est blessé par trahison. — Sa généreuse confiance. — Il rejoint l'armée à Saumur. — Attaque de Nantes. — Belle parole d'une paysanne vendéenne.

Sur-le-champ l'on se tourna d'un autre côté ; l'on marcha vers le Poitou. Argenton-le-Château fut pris en passant ; on entra sans résistance dans Bressuire que le général ennemi Quetineau avait évacué pour se replier sur Thouars, et, le 5 mai, l'on attaqua cette dernière ville.

Thouars est dans une position très forte, et domine le cours du Thoué, qui la couvre entièrement, dans la direction du Bocage. Tous les passages de cette rivière, le pont Saint-Jean, le port du Bac-du-Château, le pont de Vrine, le Gué-aux-Riches, étaient fortement défendus. Quetineau avait six mille hommes. A peine, parmi les Vendéens, en comptait-on un pareil nombre armé de fusils : les autres n'avaient encore que les bâtons, les fourches, les faulx, premiers instrumens de leurs victoires.

M. de Bonchamps s'était réservé l'attaque du Gué-aux-Riches, à une demi-lieue au dessous de la ville. Il le traversa suivi de sa cavalerie, culbuta les volontaires nationaux de la Vienne et le bataillon des Marseillais, ramas d'impurs bandits, la plupart étrangers à la ville de Marseille, dont ils souillaient le nom. Les autres généraux vendéens ayant également forcé les autres passages, on poursuivit les fuyards jusque dans Thouars ; on escalada la vieille muraille qui entoure cette ville, et Quetineau mit bas les armes. On prit douze pièces de canon et cinq mille hommes que l'on renvoya dans leurs foyers, sous la seule promesse de ne plus servir contre le roi.

Quetineau était un honnête homme. Quand il quitta Bressuire, au lieu d'emmener M. de Lescure, qui était prisonnier dans cette ville, il l'y laissa en liberté ; les généraux vendéens traitèrent Quetineau avec les plus grands égards ; Bonchamps le fit même coucher dans sa chambre.

Quand les soldats de Bonchamps surent ses intentions à ce sujet, ils en conçurent beaucoup d'inquiétude pour ce chef si vivement aimé. « — Ce républicain, » di-
» rent-ils, « n'aurait qu'à profiter du sommeil de notre
» général pour lui faire un mauvais parti ! » A plusieurs reprises, ils supplièrent Bonchamps de n'être pas si confiant. Il ne tint compte de leurs instances, et la même chambre reçut le général vendéen et le général patriote. Alors, plusieurs s'arrangèrent pour passer la nuit dans l'escalier. Le garde-chasse de Bonchamps, dès qu'il le jugea endormi, ouvrit doucement la porte, se coucha au pied du lit de son maître, et y resta jusqu'au matin. Bonchamps, après avoir reposé le plus tranquillement du monde, fut très surpris de le trouver là, et gronda ces braves gens d'une marque de défiance offensante pour Quetineau ; mais en son âme il fut bien profondément touché d'une telle preuve d'attachement.

N'est-ce pas là comme un souvenir des temps de la chevalerie ?

Le 8 mai, l'on entra dans Parthenay que les Bleus avaient abandonné ; le 13, la Châteigneraie fut prise, après un combat assez vif. Mais les paysans, rassemblés déjà depuis longtemps, avaient grande envie de revoir leur chaumière et leur famille, surtout ceux de l'armée de Bonchamps, qui se trouvaient les plus éloignés de leur pays. Il reprirent en foule le chemin de l'Anjou, et leur général fut obligé de les suivre. Il se rendit à Cholet, pour attendre qu'ils se réunissent de nouveau.

Le pays commandé par Bonchamps s'étendait à cinq ou six lieues dans les terres, le long de la rive angevine de la Loire, depuis l'embouchure de la Divatte jusqu'aux Ponts-de-Cé. Il pouvait mettre sur pied, dans les grands rassemblemens, environ douze mille hommes. L'armée, de Bonchamps opérait ordinairement avec la *grande armée*, composée des paroisses du Haut-Poitou et de celles de l'Anjou qui les touchent. Mais, en outre, elle fournissait des postes le long du fleuve, pour s'opposer aux débarquemens des républicains ; on avait aussi à surveiller l'important passage des Ponts-de-Cé, par où les républicains pouvaient venir d'Angers. Outre les gens du pays, Bonchamps avait sous ses ordres un grand nombre de jeunes gens de la rive droite, soit Angevins, soit Bretons, qui, après avoir manqué leur insurrection, étaient venus se réunir aux Vendéens. Il les avait organisés en compagnies qui restaient habituellement sous les armes, parce que ces jeunes gens ne pouvaient, dans l'intervalle des combats, retourner chez eux. Ils se rendaient ainsi fort utiles et se battaient à merveille.

Sans avoir eu le temps de s'élever au dessus du grade de capitaine, Bonchamps passait à juste titre pour le plus habile militaire de la Vendée. Son armée était la mieux exercée, la mieux conduite, et l'on y comptait plusieurs excellens officiers.

Nommons d'abord M. de Scépeaux, beau-frère de Bonchamps, et qui, plus tard, commanda les Chouans, sur la rive droite de la Loire ; M. de Fleuriot, ancien capitaine de cavalerie, et le chevalier de Fleuriot, son frère. Le chevalier de Fleuriot remplaçait ordinairement Bonchamps, quand le général se trouvait retenu par ses blessures ; ce qui n'arriva que trop souvent, car il était rare qu'il parût impunément au feu.

M. Cadi, chirurgien à Saint-Laurent de la Plaine, était également renommé pour les rudes coups qu'il portait, pour son habileté à guérir, et pour la gaîté de ses bons mots et de ses chansons. Une fois le combat fini, le guerrier redevenait chirurgien ; il soignait royalistes et Bleus, et pansait souvent les blessures que lui-même avait faites. M. Cadi, par son triple talent, était le modèle, l'ami et le boute-en-train du soldat. Ce fut encore lui, en 1815, qui commanda la division de Chalonnes, toujours tel qu'on l'avait vu autrefois.

M. Soyer l'aîné (Jean-Aimé), né à Thouarcé en 1769, devint bientôt un des meilleurs officiers, non seulement de l'armée de Bonchamps, mais de la Vendée tout entière. Après la guerre, son corps, criblé de blessures, n'était pour ainsi dire que cicatrices. M. François Soyer, son frère, fut son digne compagnon d'armes. Un autre frère, M. l'abbé Soyer, devenu évêque de Luçon, vient de mourir tout dernièrement (1845), laissant un long souvenir de ses vertus.

C'est aussi à l'armée de Bonchamps qu'appartenait Forestier, fils d'un cordonnier de la Pommeraie-sur-Loire. Un gentilhomme du pays, M. de Dommaigné, dont le nom est lié pareillement à la gloire de la Vendée, s'était chargé de son éducation. Forestier profita bien de ses soins ; il venait de finir ses études, et, à peine âgé de dix-huit ans, il se plaça au premier rang par son mérite. La Pommeraie-sur-Loire avait également fourni à la cause royale les frères Martin, dont l'un, M. Martin-Baudinière, vit encore aujourd'hui.

N'oublions pas de citer une des gloires de l'armée de Bonchamps, l'héroïne Renée Bordereau, si connue sous son nom de guerre de *Langevin*. La paroisse de Soulaine peut à bon droit s'enorgueillir de lui avoir donné naissance (1).

Tandis que Bonchamps était à Cholet dans un repos forcé, la grande armée avait attaqué Fontenay, malgré l'avis de Cathelineau. Les Vendéens eurent la déroute et perdirent leur artillerie, y compris la fameuse *Marie-Jeanne*. Bonchamps avait emmené six pièces avec lui; il n'en resta pas d'autres. Mais un échec ne décourageait personne ; on criait : *Vive le roi quand même !* et l'on emportait l'espérance d'être plus heureux un autre jour.

La grande armée s'étant dissoute pour quelques jours, Cathelineau revint aussi en Anjou ; Bonchamps convint avec lui de marcher par Mortagne , pour concourir à la nouvelle attaque résolue contre Fontenay, et le 25 mai les Vendéens reparurent devant cette ville.

Entre Fontenay et la forêt de Bagnard s'étend une plaine d'environ un tiers de lieue. Le jour de la première bataille, l'armée royale appuyait sa gauche à la rivière de la Vendée, qui borde cette plaine ; mais leur droite, se trouvant tout-à-fait à découvert, avait été débordée par les républicains : de là, l'issue fâcheuse du combat. Le 25, Bonchamps commandait la droite , et il avait accepté de grand cœur ce poste périlleux; on avait confiance dans ses talens militaires, et cette attente ne fut pas trompée. Par une habile disposition, il replia la droite en ordre oblique , de manière à l'appuyer sur la lisière de la forêt, et l'ennemi, qui comptait renouveler la même manœuvre que dans la journée du 16, fut ainsi déconcerté dans ses plans.

Presque sans artillerie, sans munitions, les Vendéens avaient en face d'eux de nombreux canons, un ennemi

(1) Voir sa Vie, à la fin de ce volume.

abondamment approvisionné, dont la cavalerie s'était renforcée de toute la gendarmerie des départemens voisins. Mais tandis que les Bleus juraient et blasphêmaient, les Vendéens s'étaient agenouillés pieusement; ils avaient reçu la bénédiction de leurs dignes prêtres : à cette bénédiction, Dieu avait joint la sienne et la vraie force.

En vain tonnèrent l'artillerie et la fusillade des républicains ; en un moment les Vendéens, sans s'arrêter, arrivèrent à l'ennemi. Bonchamps, dont les soldats possédaient seuls quelques cartouches, avait ordonné de ne faire feu qu'à cinquante pas, et peu de coups furent perdus. Les canons furent enlevés à coups de baïonnette, à coups de bâton, car tous n'avaient pas encore de fusils. En vain la cavalerie des Bleus chargea: les cavaliers vendéens, avec leurs étriers de corde et leurs selles rustiques, sabrèrent et culbutèrent ces brillans escadrons; la déroute des Bleus fut complète, et les fuyards ne s'arrêtèrent même pas dans Fontenay.

Bonchamps, Lescure et Forest furent les premiers, en les poursuivant, qui entrèrent dans la ville. Ils s'enfoncèrent dans les rues pleines de soldats ennemis qui criaient: *grâce!* Les trois chefs vendéens leur disaient: *A bas les armes! on ne vous fera pas de mal.* Ils arrivèrent ainsi sur la grande place, où chacun d'eux prit une rue différente. A peine Bonchamps fut-il seul, qu'un républicain se jeta aux pieds de son cheval, et demanda quartier, du ton le plus suppliant, au nom, disait-il, de ses sept enfans. Le général royaliste lui accorde non seulement la vie, mais encore la liberté. Il continue la poursuite, et laisse derrière lui cet homme : le misérable, voyant Bonchamps à quelques pas, reprend son fusil et tire sur son bienfaiteur. La balle déchire les chairs de la poitrine et atteint la clavicule. En ce moment les soldats vendéens arrivaient; ils accourent furieux, et toute résistance cesse.

On n'avait pas de chirurgien sous la main pour faire le premier pansement. Parmi les prisonniers républicains, il s'en trouva un. Bonchamps le fit appeler ; ses officiers et ses soldats, dont la défiance n'était, cette fois, que trop justifiée, supplient leur général de ne pas s'en remettre aux soins d'un patriote. Bon autant que brave, Bonchamps refuse de croire à la perversité des hommes, au moment même où il vient de l'éprouver, et il se fait panser par le chirurgien républicain, qui, du reste, s'acquitta fort bien de sa mission.

Quarante pièces de canon, au nombre desquelles la précieuse *Marie-Jeanne*, quantité de fusils et près de trois mille prisonniers restèrent entre les mains des Vendéens ; ils délivrèrent en outre environ deux cents de leurs compagnons d'armes, pris dans la bataille du 16, et qui allaient être jugés le lendemain. L'atroce assassinat dont Bonchamps avait été victime, ne fit pas déroger l'armée royale à ses habitudes de clémence ; on renvoya les prisonniers, avec la seule précaution de les tondre, afin de les reconnaître s'ils reprenaient les armes contre le roi.

Bonchamps ne se sépara de l'armée qu'en faisant de nouvelles recommandations de clémence, d'humanité. Il fut transporté, sur un brancard, au château de Landebaudière, près Tiffauges. En acceptant de ses mains le commandement, pendant son absence, le chevalier de Fleuriot y mit la condition d'agir toujours d'après les conseils de son général. Maintes fois, tandis que Bonchamps était retenu loin de l'armée, on recourut ainsi à ses lumières. Sur son lit de douleur, quand il ne pouvait servir la cause royale de son bras, il la servait de ses directions, de ses avis. Les Bleus eux-mêmes savaient l'apprécier, et ils le craignaient en proportion. Au moment où s'engagea cette seconde bataille de Fontenay, plusieurs crièrent à des Vendéens : *Si tu n'as pas Bonchamps, tu vas être bien battu.*

Les Vendéens marchèrent sur Saumur. Conduite par M. de Fleuriot, l'armée de Bonchamps eut une grande part, le 8 juin, à la victoire de Montreuil-Bellay. Ce fut elle qui, en prenant les Bleus par le flanc, décida leur défaite. Le lendemain, elle ne se distingua pas moins dans la mémorable bataille qui fit tomber au pouvoir des royalistes la ville et le château de Saumur, quatre-vingts pièces de canon et d'immenses approvisionnemens en tous genres. Bonchamps regretta bien vivement de n'avoir pu, dans cette célèbre journée, combattre à la tête des siens.

A peine hors de son lit, il voulut remonter à cheval et rejoignit l'armée.De bien grand cœur il sanctionna par son suffrage l'élection de Cathelineau comme généralissime. Personne n'approuvait plus vivement que lui un choix si heureux. Tous les généraux vendéens, sans distinction de rang, n'avaient eu qu'une seule et même pensée pour honorer ainsi, chez le glorieux paysan du Pin-en-Mauges, la valeur et le mérite. C'est qu'on pratiquait, chez les royalistes, la véritable égalité, l'égalité sincère et chrétienne, tandis que l'égalité révolutionnaire consistait à tenir les honnêtes gens sous le couteau des plus vils scélérats.

M. de Dommaigné, ancien officier de carabiniers, qui commandait en chef la cavalerie vendéenne, avait été tué à la bataille de Saumur. Quand il fallut lui nommer un successeur, la majorité des suffrages se réunit sur Forestier, dont la réputation devançait déjà les années. A dix-huit ans, le fils du cordonnier de la Pommeraie fut élu général de la cavalerie. Il n'accepta que les fonctions ; par modestie il refusa le titre. Depuis la guerre, et jusqu'à sa mort arrivée en 1808, Forestier joua, dans le parti royaliste et auprès des princes, le rôle le plus brillant. Ses titres et sa noblesse étaient dans son mérite personnel.

M. Charles d'Autichamp, cousin-germain de Bonchamps,

demeurait près d'Angers. Il vint, à Saumur, prendre place dans l'armée de son parent, où il se distingua.

De Saumur, on résolut de se porter sur Nantes. Cette opération fut combinée avec Charette, qui promit de faire une diversion contre les faubourgs de la rive gauche, tandis que la grande armée opèrerait par la rive droite.

Angers fut d'abord occupé sans résistance. Les Bleus épouvantés des dernières victoires des Vendéens, avaient évacué cette ville. Bonchamps, pour déblayer la grande route, enleva les postes de Montrelais et de Varades, sur la Loire, et l'on arriva devant Nantes le 29 juin au matin.

Les républicains, sommés de se rendre, avaient rejeté toute proposition. Ils étaient préparés à la résistance la plus opiniâtre. L'attaque de M. de Charette, quoique exécutée aussi bien que possible, ne pouvait avoir d'importans résultats, car les ponts étaient coupés. La grande armée était fort affaiblie. M. de La Rochejaquelein avait, bien malgré lui, consenti à commander la garnison laissée à Saumur; M. de Lescure, blessé, avait dû s'éloigner, et leurs soldats ne se souciaient pas de marcher sans eux. Enfin, dix-huit mille hommes à vingt au plus se trouvèrent chargés de la véritable attaque.

Bonchamps attaqua par la route de Paris et la prairie de Mauves. Ses compagnies bretonnes s'avancèrent au pas de charge, comme de vieilles troupes de ligne. Les Bleus se défendirent en désespérés. La faute commise par le prince de Talmont, en repoussant dans la ville les fuyards qui déjà s'échappaient par la porte de Vannes, redoubla l'énergie de la résistance. Cependant Bonchamps, poussant l'ennemi de position en position, pénétra jusqu'au faubourg Saint-Clément. Cathelineau, qui avait attaqué par la porte de Rennes, enlevait, en même temps, les barricades du faubourg Saint-Similien, et arrivait jusque sur la place de Viarmes. Mais il tomba, frappé mortellement, quand déja la victoire semblait certaine, et ses soldats, ne le voyant plus à leur tête, se retirèrent consternés. Il fallut abandonner aussi les autres attaques, et repasser la Loire. L'armée de Bonchamps perdit M. de Mesnard et M. de Fleuriot l'aîné, atteint d'une blessure dont il mourut quelques jours après, emportant les regrets de tous.

Si cette attaque de Nantes avait réussi, elle eût réalisé le plan favori de Bonchamps, qui consistait à soulever la Bretagne et les autres provinces au nord du fleuve. Il n'est pas douteux que la prise de cette grande ville eût déterminé un mouvement si fertile en conséquences. Mais on entreprit cette expédition avec des forces insuffisantes; on avait trop compté sur des intelligences dans la ville. Et cependant on fut bien près du succès, car, au moment où Cathelineau fut blessé, les Bleus pensaient à chercher un asile dans le château, et ces cris retentissaient déjà de toutes parts : *Les brigands sont entrés, nous sommes perdus !*

Une paysanne de la Pommeraie-sur-Loire, Marie Brûlé, avait un frère canonnier dans l'armée vendéenne. Après cette attaque de Nantes, voyant revenir un officier de sa paroisse, M. Martin-Baudinière, de qui nous tenons le fait, elle court au devant de lui, elle l'interroge avec anxiété. Un triste silence est la seule réponse : — « Ah! mon pau» vre Joseph ! » dit la sœur désolée. Puis, elle ajoute aussitôt : « Mais au moins est-il mort en brave? — Oui, oui, en brave, » sur sa pièce. — Ah! Monsieur, » reprit alors la Vendéenne, « puisqu'il en est ainsi, je m'en vais à l'église re» mercier le bon Dieu. »

Quelle sublime élévation de sentimens dans cette simple paysanne! Quel peuple que celui de la Vendée !

CHAPITRE III.

Victoire de Chatillon. — Combat de Martigné-Briand. — Bonchamps est encore blessé. — Sa grande influence sur ses soldats. — Mutinerie appaisée par lui à Cholet. — Combat d'Erigné. — Modestie de Bonchamps, à l'occasion du choix d'un nouveau généralissime. — Forces immenses dirigées contre la Vendée. — Plan de Bonchamps pour une diversion sur la rive droite de la Loire.

Tandis que l'on se battait sur les bords de la Loire, une armée républicaine s'était assemblée à Niort, et se préparait à envahir la Vendée par l'autre extrémité. Elle avait pour général en chef l'ex-duc de Biron, grand seigneur que ses liaisons avec le duc d'Orléans, Philippe-Égalité, avaient jeté dans le parti révolutionnaire.

Le sanguinaire Westermann, qui commandait sous Biron, prit les devants avec sept à huit mille hommes. En vain un faible rassemblement, sous les ordres de MM. de Lescure et de La Rochejaquelein, essaya de l'arrêter au Moulin-aux-Chèvres. Chatillon, résidence du conseil supérieur de l'armée royale, tomba au pouvoir de l'ennemi, et la lueur des incendies annonçait au loin, dans les campagnes, la marche des Bleus.

La grande armée se réunissait en toute hâte à Cholet. Bonchamps accourut se joindre à elle. On marcha sur Chatillon. Les républicains étaient campés sur la hauteur qui domine la ville, près d'un moulin à vent. Westermann croyait être attaqué par le chemin de Cholet; mais les Vendéens firent un détour, passèrent la Sèvre à Mallièvre, et arrivèrent du côté où l'ennemi ne les attendait pas. Joignant à ses cruautés une dérision sacrilége, Westermann, ce jour là, faisait chanter un *Te Deum* dans l'église de Chatillon, par le sieur Mestardier, évêque constitutionnel de Saint-Maixent; après quoi il se proposait d'aller à Cholet pour achever l'extermination des *brigands*, disait-il. Ces prétendus brigands lui épargnèrent la peine de venir à eux.

C'était le 5 juillet. Les Bleus, surpris, ont néanmoins le temps d'envoyer aux assaillans deux décharges à mitraille. Mais les Vendéens, ayant soin de *s'égailler* en tirailleurs, n'offraient pas un front où le feu ennemi pût causer de grands ravages. Bonchamps ordonne aux siens de se glisser sans bruit jusqu'à portée de fusil, et de tuer les canonniers sur leurs pièces. Cette audacieuse manœuvre est ponctuellement exécutée. Exaspérés par les dévastations des républicains, les paysans se jettent sur eux avec une sorte de rage. Bientôt la déroute de Westermann est complète. Infanterie, cavalerie, canons, caissons, tout se confond, se culbute, s'écrase, dans la descente rapide qui mène à Chatillon. Le carnage devient plus terrible encore dans la ville. Les Bleus en foule jetaient leurs armes et demandaient grâce. Enfin, on leur accorda quartier. Les fuyards égarés dans les campagnes furent presque tous tués ou pris. Quinze cavaliers, après avoir erré deux jours, exténués de fatigue, se remirent d'eux-mêmes entre les mains de quelques femmes qui, armées de fourches, les ramenèrent à Chatillon. On fit, en tout, environ quatre mille prisonniers. Westermann ne sauva ni canons ni bagages, et à peine trois cents hommes arrivèrent avec lui à Parthenay. Du quatorzième bataillon de la formation d'Orléans, composé de quatre cent-soixante-neuf hommes, il n'en resta, d'après le rapport du commandant de ce corps, que *dix-sept*, dont treize étaient blessés.

Ce Westermann, alsacien de naissance, si horriblement célèbre en Vendée, appartenait à la faction orléaniste, qui dans le sein de la Convention disputait le pouvoir à Robespierre. Plus tard, Robespierre ayant eu le dessus, Westermann périt sur l'échafaud, ainsi que Biron et leur patron à tous les deux, l'infâme Philippe-Égalité. Robespierre, à son tour, devait finir de la même mort. La révolution se déchirait et se punissait elle-même.

A peine le midi du Bocage était-il délivré, qu'il fallut de nouveau courir vers le nord. Une formidable armée, commandée par le général Labarollière, marchait pour envahir la partie angevine. Tandis que M. de Lescure gardait le Bocage du Poitou, M. de Bonchamps, avec M. de La Rochejaquelein, alla combattre cette armée. On l'attaqua, le 15 juillet, à Martigné-Briand. Au premier choc, les royalistes eurent l'avantage et s'emparèrent de cinq canons; mais la poussière leur fit prendre pour l'ennemi leur propre cavalerie, qui revenait au galop après s'être trompée de chemin : cette circonstance, jointe à la fatigue et à l'extrême chaleur, détermina la retraite, que les Bleus ne troublèrent pas. On perdit fort peu de monde au combat; mais des eaux corrompues, que les paysans burent avec avidité, en firent malheureusement périr une cinquantaine.

Dans cette retraite, Pierre-René Mondin, d'Andrezé, près Beaupréau, âgé seulement de quinze ans, et déjà bon soldat, se trouva séparé de ses camarades; ne connaissant pas les chemins, il ne savait de quel côté se tourner, quand il rencontra au fond d'un chemin creux une pièce de canon abandonnée, mais attelée de quatre chevaux. « — Voilà, » se dit-il en lui-même, un moment favorable pour être canonnier. » A lui tout seul il entreprend de dégager la pièce. Quatre Vendéens survenant à propos, se joignent à lui. Parvenus sur la hauteur, ils découvrent un détachement de cavalerie républicaine sur lequel ils font feu. Les cavaliers s'éloignent, et la pièce de canon sauvée par Mondin, arrive à Chanzeaux, où l'armée passa la nuit.

Bonchamps, suivant son usage, avait rempli tout à la fois l'office de général et celui de soldat. Entouré par cinq hussards, il en tua un, en blessa un second. Quelques Vendéens accoururent à son secours, et mirent les autres en fuite; mais l'un d'eux en fuyant tira sur M. de Bonchamps son coup de pistolet. La balle l'atteignit au coude. M. d'Autichamp conduisit à pied le cheval de son cousin depuis le champ de bataille jusqu'à Jallais. Sans offrir de danger, cette blessure était fort douloureuse. Instruite de ce malheur, madame de Bonchamps se rend en toute hâte auprès de son mari, au château de Jallais, laissant ses enfans aux soins d'un vieux soldat nommé Picard. Après avoir fait la guerre en Corse, ce brave homme s'était retiré à la Baronnière. Particulièrement attaché à M. de Bonchamps, il ne cessa de lui donner des preuves de dévoûment multipliées.

« Je trouvai, » dit madame de Bonchamps dans ses Mémoires. « M. de Bonchamps très-souffrant, non seulement de la blessure qu'il venait de recevoir, mais encore d'une ancienne qui s'était rouverte : il m'engagea à aller rejoindre mes enfans ; mais ayant vu qu'il était fort mal servi, parce que ses domestiques et tous ceux qui l'entouraient le quittaient momentanément pour aller repousser les Bleus qui passaient de ce côté, j'allai, non sans péril, chercher mes enfans, et je vins aussitôt auprès de lui avec eux. Je couchai dans sa chambre pour le mieux soigner. Pendant que nous étions dans cette triste situation, les autres chefs envoyèrent à mon mari le prince de Talmont, pour le consulter sur les opérations militaires : le prince de Talmont, que nous ne connaissions point et qui n'avait jamais vu M. de Bonchamps, supposait, d'après sa réputation, qu'il avait au moins cinquante ans. Il me trouva dans l'antichambre où je me tenais pour empêcher qu'on entrât chez mon mari pendant qu'on pansait ses blessures; M. de Talmont, voyant que j'ordonnais dans la maison, s'approcha de moi en me disant: « Mademoiselle, voulez-vous bien avertir » monsieur votre père de mon arrivée? »

» Le lendemain de cette visite, nous reçûmes aussi celle de MM. de Lescure et Henri de La Rochejaquelein, avec lesquels mon mari a toujours été intimement lié.

» Ces messieurs venaient le conjurer de faire un effort pour se rendre à son armée, parce que les paysans, ne l'ayant plus à leur tête, perdaient chaque jour de leur zèle et de leur ardeur. M. de Bonchamps voulut partir aussitôt, malgré mes supplications, et comme ses gens étaient occupés à faire ses paquets, ce fut moi qui chargeai ses pistolets, chose qu'il s'était plu à m'apprendre, en disant « que la » femme d'un général devait se mettre en état de pouvoir, » au besoin, rendre ce service à son mari. »

Un fait particulier peut donner une idée de l'affection dont Bonchamps était l'objet de la part de ses soldats. Vers cette époque, les compagnies bretonnes se mutinèrent à Cholet. Ces jeunes Bretons, intrépides au feu, mais un peu mauvaises têtes, n'ayant pas d'ailleurs, comme les gens du pays, les ressources de leur foyer, réclamaient impérieusement des vivres et des habits. Cette petite sédition durait déjà depuis deux jours. M. de Bonchamps averti, arrive à cheval, le bras en écharpe, à cause de sa blessure de Martigné, mais la bonté sur le visage, le sourire sur les lèvres. Aussitôt retentissent les cris de : *Vive le roi! Vive Bonchamps!* Des larmes coulent de tous les yeux, l'enthousiasme est au comble, le trouble s'appaise comme par enchantement, et les mutins ne demandèrent plus qu'à suivre ce chef bien aimé.

Le léger échec essuyé à Martigné-Briand fut réparé à Vihiers, trois jours après (18 juillet), de la manière la plus complète. Les principaux généraux étaient absens : les chefs secondaires, MM. de Villeneuve, de Piron, Keller, Forestier, Forest, de Marsanges, Guignard, Herbauld, dirigèrent l'attaque avec talent et bonheur. L'un des généraux républicains était cet ignoble Santerre, qui avait présidé au supplice du roi. Il s'enfuit un des premiers. Les Vendéens savaient qu'il était là, et voulaient l'enchaîner dans une cage de fer. Poursuivi à outrance par Renou, Loiseau et Forest, ce misérable parvint à leur échapper, grâce à la vigueur de son cheval, qui sauta un mur de six pieds. Cinq mille Bleus furent tués ou blessés; vingt-cinq pièces de canon et quatorze caissons restèrent au pouvoir des vainqueurs. Les ennemis, dans la précipitation de leur fuite, firent sept lieues en trois heures, pour gagner Saumur.

Le 26 juillet, l'avant-garde de l'armée de Bonchamps, commandée par MM. d'Autichamp et Duboux, attaqua et battit les Bleus sur les hauteurs de Mûrs et d'Érigné. Les vaincus s'enfuirent au delà des Ponts-de-Cé, qui tombèrent au pouvoir des Vendéens. Quatre cents hommes du huitième bataillon de Paris, coupés dans leur retraite et acculés à la Loire, se précipitèrent dans le fleuve et y périrent presque tous, plutôt que de se rendre. Le 28, M. de Bonchamps, arrivant avec les compagnies bretonnes, poussa jusqu'à Champtocé, sur la rive droite, et s'en empara. Angers même fut menacé de nouveau : mais de puissans renforts obligèrent les Vendéens à se replier sur la rive gauche. Bonchamps dirigea la retraite avec son sang-froid et son habileté ordinaires, et retourna au château de Jallais pour y soigner sa blessure.

Cathelineau avait succombé le 14 juillet, au milieu des regrets de la Vendée. On s'occupa d'élire un autre généralissime ; M. d'Elbée désira ce haut grade. En l'absence des autres généraux et de la plupart des officiers marquans, tout s'arrangea par l'intermédiaire des amis dont il disposait, et il fut nommé. M. d'Elbée était aimé de tout le monde pour sa piété, son dévoûment, son courage. Sa capacité n'était pas au niveau du premier rang; mais ses honorables qualités, ses vertus reconnues sont une excuse bien suffisante pour un petit travers d'amour-propre qui ne les altéra en aucune manière. Les talens militaires de M. de Bonchamps lui donnaient droit, sans aucun doute, à occuper cette place. Bien loin de la briguer, il se tint à l'écart; il ne voulut même pas que MM. d'Autichamp et de Scépeaux, ses parens, participassent à l'élection, tant il craignait jusqu'à l'ombre de l'intrigue. Il ne témoigna pas la moindre surprise, le moindre mécontentement du choix qui avait été fait, et ne songea, comme avant, qu'à servir la cause le mieux possible.

M. de Bonchamps et son corps restèrent en Anjou pour défendre cette partie, tandis que la grande armée faisait une nouvelle tentative sur Luçon, déjà attaqué deux fois sans succès. Les Vendéens essuyèrent devant cette ville, le 14 août, un revers plus funeste encore que les précédens. Les Bleus, à la suite de cette bataille, s'avancèrent dans le Bocage, s'emparèrent de Chantonnay, et établirent près de cette ville un camp d'où ils ravageaient ou menaçaient tout le pays voisin.

On résolut de chasser l'ennemi de cette position. Un rassemblement fut ordonné. L'armée de Bonchamps, sous les ordres de M. d'Autichamp, vint renforcer la grande armée. Les Bleus, commandés par le général Lecomte, étaient campés à l'endroit nommé les Roches, à droite et à gauche de la route de Chantonnay aux Herbiers. On fit un grand détour sur la gauche, on les tourna et on les prit par derrière. Le corps de Bonchamps formait l'aile gauche. Il enleva, avec la plus grande intrépidité, les retranchemens ennemis, et décida la victoire. Pendant ce temps, M. de Royrand, avec l'armée du Centre, faisait une attaque dans la direction des Quatre-Chemins. Les Bleus, ainsi assaillis de toutes parts, essuyèrent la défaite la plus meurtrière. Sur six mille, à peine s'en sauva-t-il quinze cents. Un bataillon, également fameux par son courage et ses cruautés, et qui s'intitulait *le Vengeur*, fut exterminé jusqu'au dernier homme.

Mais d'énormes rassemblemens de troupes s'accumulaient autour de la Vendée. Outre ses bataillons réguliers, la Convention avait mis sur pied toute la levée en masse des départemens voisins. Deux cent quarante mille hommes cernaient le territoire insurgé, dont la population en état de porter les armes, déduction faite des *patauds* ou patriotes, était au plus de quatre-vingt mille.

Les souverains alliés avaient malheureusement négligé, dans les capitulations de Mayence, Valenciennes et autres places conquises par eux, de stipuler que les garnisons ne pourraient être employées contre les royalistes de l'intérieur. La Convention se hâta de diriger sur l'Ouest ces vingt mille hommes d'élite. Tous les moyens de destruction furent décrétés, le fer, le feu, la faim. Le 26 juillet, Barrère avait dit à la tribune : « Jamais vous ne parviendrez à les » vaincre (les Vendéens), si vous ne faites la récolte de ces » brigands. Portez le feu dans leurs repaires ; envoyez-y des » travailleurs, ils aplaniront le terrain. » L'attente de Barrère fut trompée. A force de valeur, la Vendée se fit quelques momens de répit pour moissonner ses récoltes. Peu de jours après, Barrère ajouta : « Le comité a préparé des » mesures qui tendent à exterminer cette race rebelle des » Vendéens, à faire disparaître leurs repaires, à incendier » leurs forêts, à couper leurs récoltes. C'est dans les plaies » gangreneuses que la médecine porte le fer et le feu. Dé» truisez la Vendée et vous sauvez la patrie. »

Pour résister à ces effroyables mesures et aux nuées de soldats chargées de les exécuter, les chefs de la Vendée, réunis aux Herbiers, tinrent conseil. M. de Bonchamps proposa de faire passer la Loire à un corps d'opérations mobile tiré de son armée, et composé des Bretons et des Angevins de la rive droite, pour servir de noyau, soulever le pays, et opérer ainsi une diversion puissante, tandis que les forces sédentaires continueraient de soutenir la guerre locale. Restant toujours renfermée chez elle, sans communications extérieures, la Vendée finirait tôt ou tard par être écrasée sous les masses qui la cerneraient comme une ville qu'on assiége. Grâce au plan proposé, elle élargirait le foyer de l'insurrection, elle étendrait le théâtre de la guerre, elle forcerait l'ennemi de diviser et d'affaiblir ses forces, en même temps que s'accroîtraient celles des royalistes. Le soulèvement de la Bretagne gagnerait le Maine, la basse Normandie, où existaient des élémens tout prêts à faire explosion. On pourrait s'emparer d'un port de mer, se mettre en rapports suivis avec les princes et l'Angleterre; enfin, au lieu de soutenir une défensive glorieuse, mais qui devait enfin céder au nombre, on pourrait pousser en avant, sur Paris, et obtenir un résultat décisif.

Ce plan était en même temps l'œuvre d'un habile militaire et d'un véritable homme politique. M. d'Elbée fut d'un autre avis, et son titre de généralissime fit prévaloir son sentiment, d'ailleurs bien consciencieux. Cette seule fois, l'opinion de Bonchamps ne fut pas adoptée ; ce fut un grand malheur pour la cause royale.

Il fut décidé que l'on se bornerait à la défense du pays, que l'on divisa en quatre parties. M. de Bonchamps garda les bords de la Loire ; M. de La Rochejaquelein commandait la partie du Poitou qui touche l'Anjou ; M. de Lescure, le reste du haut Poitou ; M. de Charette, le bas Poitou et le pays nantais. Néanmoins, M. de Royrand conserva le commandement de son armée, dite *armée du centre*, vers Chantonnay et les Quatre-Chemins, entre Lescure et Charette.

CHAPITRE IV.

Combat des Ponts-de-Cé. — Victoires de Coron, du Pont-Barré de Torfou, de Montaigu. — Attaque du convoi de Clisson. — Victoire de Saint-Fulgent.

Déjà les masses destinées à écraser l'insurrection par le poids du nombre, étaient entrées sur le territoire vendéen. Une armée républicaine débouchait d'Angers. M. d'Autichamp, avec une partie de l'armée de Bonchamps, l'attaqua le 12 septembre. L'avant-garde ennemie se replia sur Erigné, où les Bleus avaient un camp. Les Vendéens coururent intrépidement sur cette position, l'emportèrent, rétablirent le pont de la Loire à moitié rompu et s'emparèrent du premier bourg des Ponts-de-Cé. Le moulin sur le second bras était fortement défendu; l'artillerie, placée sur la rive droite, tirait à boulets rouges et mit le feu au bourg. Néanmoins, un gué ayant été indiqué un peu dessous, les Vendéens se préparaient à franchir le fleuve, et Angers serait probablement tombé en leur pouvoir. Mais le prince de Talmont, présent à cette action, fut d'avis de marcher contre Santerre, qui s'avançait de Saumur sur Cholet avec une nouvelle armée. On prit, en conséquence, la route de Brissac.

Une attaque faite le 14 entre Doué et Vihiers ne put arrêter le mouvement des républicains; mais, au bruit du tocsin, quelques renforts accoururent, et le 18, la bataille de Coron, si célèbre sous le nom de *déroute de Santerre*, mit un terme aux progrès de cette armée. M. de Piron fut le héros de cette bataille : douze à treize mille paysans vendéens y battirent complètement plus de quarante mille patriotes et leur prirent dix-sept pièces de canon.

Le lendemain fut livrée la glorieuse affaire du Pont-Barré contre l'armée républicaine venue d'Angers. MM. Cadi, de la Sorinière et le chevalier Duhoux commandaient les Vendéens ; le général Duhoux, oncle du chevalier, était à la tête des Bleus. Jean Bernier, garçon meunier, de la paroisse de Saint-Lambert, se distingua particulièrement dans cette bataille. A un quart de lieue au dessous du Pont-Barré se trouvait un autre pont qui était coupé. Une colonne de paysans sans officiers, s'était dirigée sur ce point. Jean Bernier saisit un drapeau, crie : « *Mes amis, suivez-moi !* » se jette dans le Layon, le traverse à gué, va tomber sur les derrières de l'ennemi, et décide le succès. Le champ de bataille fut littéralement couvert des cadavres des Bleus, et l'on aurait pu, jusqu'aux Ponts-de-Cé, suivre la trace des fuyards, d'après la quantité de piques et de fusils que jetait la levée en masse pour courir plus vite.

Le régicide Bourdon de l'Oise avait dit, le 11 septembre, à la tribune des Jacobins : « Cette armée de la Vendée, » dont on fait tant de bruit, n'est autre chose qu'un *ramas* » *de cochons*, de gens qui *n'ont pas figure humaine.* » On vient de voir comment les Vendéens lui répondirent.

De ces deux armées d'Angers et de Saumur il ne restait que des débris. Pendant ce temps, M. de Lescure, avec deux mille hommes, avait dispersé à Thouars vingt mille hommes des levées en masse de la plaine. Mais le péril le plus pressant n'était pas encore de ce côté.

La fameuse garnison de Mayence, — les *Mayençais*, ainsi qu'on l'appela, — réunie à d'autres divisions, venait de faire, par Nantes, son entrée dans la Vendée. C'était la plus redoutable de toutes les armées républicaines. Charette n'avait pu tenir devant cette masse entièrement composée de troupes de ligne, et qui s'avançait, le fer et la flamme à la main, précédée de la terreur, laissant partout des cendres et des ruines. Une foule éperdue de femmes, d'enfans, de vieillards accompagnait, dans sa retraite, l'armée de Charette, qui avait dû, successivement, reculer jusqu'à Tiffauges. Il y avait même peu d'espoir qu'il pût se maintenir dans cette position. Une invasion totale était imminente de ce côté. La grande armée avait couru en toute hâte au secours de Charette, et M. de Bonchamps, à peine convalescent de sa dernière blessure, s'était porté sur Tiffauges avec toute la partie de son corps qui n'était pas employée vers Saumur et Angers.

C'était là un moment décisif et solennel. Les généraux vendéens risquèrent la bataille. Le 19 septembre, le jour même où Cadi, la Sorinière et le chevalier Duhoux remportaient la victoire du Pont-Barré, la grande armée, réunie à celle de Charette, entendit d'abord la messe pour se bien disposer au combat, puis elle se tint prête à recevoir l'ennemi.

La ligne vendéenne s'étendait sur le chemin de Tiffauges à Cholet, à un tiers de lieue en arrière du bourg de Torfou, sur un terrain couvert et inégal, qui va en descendant vers la rivière de Sèvre. Torfou est sur terre angevine ; mais, tout près de là, se touchent les trois provinces, Anjou, Poitou, Bretagne, auxquelles appartient la Vendée militaire. De la sorte, Angevins, Poitevins, Bretons, tous allaient combattre en vue de leur pays.

La gauche, où se touvaient Lescure et Charette, était appuyée à la rivière. Il était sept heures du matin. Bonchamps, qui, à cause de sa blessure, n'avait pas couché au camp, arrive en voiture. Il demande si l'on a fait une exacte reconnaissance des chemins qui mènent à Torfou, et s'ils sont bien gardés. On lui répond affirmativement. — « Mais, » dit-il, « il y a un ancien chemin, » et il le montre sur sa carte, ajoutant que les ennemis viendraient par là. En effet, on n'avait pas pensé à ce chemin. Aussitôt Bonchamps monte à cheval et va lui-même compléter la reconnaissance, avec MM. d'Elbée, de la Bouère, de Beauvais, et plusieurs autres officiers.

A peine avait-il fait cinq cents pas que les coups de fusil retentirent. Des tirailleurs ennemis, à la faveur des ombrages touffus, s'étaient glissés jusque là. Les républicains, maîtres du bourg de Torfou, y avaient mis le feu et débouchaient plus loin. Sur-le-champ l'ordre est donné d'avancer à leur rencontre.

Mais le premier choc n'est pas à l'avantage des Vendéens, la déroute commence à se mettre parmi eux. Les généraux mettent la plus grande ténacité à les rallier; ils sont secondés par les femmes et les filles des villages voisins. Elles étaient en prières, selon la coutume, car c'était ainsi pendant les combats : tout ce qui ne pouvait porter les armes s'agenouillait pour implorer le ciel en faveur de la cause sainte, et la population entière, réunie dans un sentiment commun, n'avait qu'un bras et qu'une âme. A la vue de la déroute , ces paysannes se jettent sur le passage des fuyards; elles emploient, pour les ramener au feu, les plus sanglans reproches. — « Nous n'avons pas peur! » leur crient-elles, « nous valons mieux que vous! » Un bâton ou une fourche à la main, elles emploient même les menaces. Leurs paroles, celles des chefs arrêtèrent presque tous ceux qui fuyaient.

Une élite intrépide n'avait pas cessé de tenir ferme. Le combat se rétablit. Les Vendéens, filant le long des haies, débordent et tournent l'ennemi, s'approchant jusqu'à vingt pas pour mieux ajuster, et tuant les canonniers à leurs pièces. Sous cette meurtrière fusillade, les Bleus, à leur tour, voient le désordre se mettre parmi eux. Les Mayençais eux-mêmes reculent. Le général Kléber, blessé, ne doit son salut qu'aux efforts de ses grenadiers. Arrivé au pont de Bessay, il y place, pour couvrir sa retraite, un lieutenant-colonel nommé Chevardin, et lui dit : — « Faites- » vous tuer là avec votre bataillon. — Oui, mon général, » répondit Chevardin, et en effet il y périt. Tels étaient ces hommes, l'élite des armées républicaines, ces vainqueurs de l'Europe qui furent vaincus par les Vendéens. Le général Canclaux criait aux siens : — « Quoi, braves Mayençais, » vous fuyez devant des paysans en sabots! — Ces paysans » en sabots, » répondaient-ils, « se battent aussi bien que » nous, et tirent mieux que nous! »

Les Bleus furent poursuivis jusqu'à Gétigne, à trois lieues de Torfou. On leur prit six canons et deux obusiers; leur perte fut d'environ deux mille trois cents hommes tués ou blessés; celle des Vendéens de six cents. Les paysans, rassurés alors au sujet de l'armée de Mayence, l'appelèrent en riant : *L'armée de faïence qui ne tenait pas au feu.* Quelques fuyards de l'armée royaliste, qui n'étaient pas retournés au combat, avaient au loin répandu le bruit d'une défaite : la nouvelle de la victoire excite une joie d'autant plus vive (1).

Le surlendemain, 21, le général Beysser, qui était à Montaigu avec un autre corps d'armée, fut attaqué vigoureusement et mis en pleine déroute. Il fut lui-même blessé, perdit toute son artillerie et beaucoup de monde. Le carnage fut surtout terrible au pont de Remouillé, encombré par les fuyards.

Bonchamps n'était pas à cette affaire. La veille, 20 septembre, il avait pris sur la droite, avec ses Angevins, pour

(1) Pendant la restauration, l'on éleva, sur le champ de bataille de Torfou, au milieu de la grande route de Nantes, une colonne portant la date de cette mémorable victoire, et les noms des généraux qui commandaient les Vendéens. Depuis 1830, de lâches profanateurs ont enlevé ou mutilé les inscriptions.

attaquer les Mayençais sur la route de Clisson à Nantes, par laquelle on prévoyait bien qu'ils continueraient leur retraite. La grande armée devait, après la prise de Montaigu, combiner sa marche avec celle de Bonchamps, afin d'attaquer les Mayençais sur la gauche, en même temps qu'il les attaquerait par la droite. De cette manière on pouvait espérer non seulement d'enlever le convoi très considérable de bagages et de butin qu'ils emmenaient avec eux, mais encore de compléter la destruction de cette formidable armée.

Mais il y eut un fâcheux malentendu. Charette et Lescure jugèrent nécessaire de se porter de Montaigu sur Saint-Fulgent, pour combattre la colonne de Mieskouski, venue des Sables, et qui commettait les ravages les plus affreux. Un officier qu'ils envoyèrent pour prévenir M. de Bonchamps, n'arriva pas à temps, soit par accident, soit par négligence. Le 22 septembre, Bonchamps, n'étant pas averti, exécuta, pour sa part, le plan convenu : il attaqua les Mayençais dans leur marche, au château de la Galissonnière, près du Palet. Ainsi réduit à ses seules forces, il fut repoussé. Espérant toujours être soutenu par l'autre attaque, il revint deux fois à la charge avec une nouvelle vigueur. Lui et ses soldats montrèrent une admirable constance ; enfin, trop inférieurs en nombre, ils durent se retirer sans résultats, mais non sans gloire. Les Mayençais s'estimèrent heureux de pouvoir continuer leur retraite et gagner Nantes pour y réorganiser leur bataillons éclaircis.

Certes, il faut regretter l'inexécution du plan si bien conçu par Bonchamps; mais on doit se garder de voir, dans ce fait, un acte de trahison ou de jalousie. Les autres généraux eurent le tort de ne pas calculer les chances qui pouvaient empêcher M. de Bonchamps de recevoir leur message en temps utile ; ils ne songèrent pas assez que la destruction des Mayençais était, en ce moment, le point capital, et que l'on pourrait, aussitôt après, se porter contre la colonne des Sables; mais, du moins, ils remportèrent à Saint-Fulgent, le jour même de l'infructueuse attaque du Palet, une victoire complète et signalée.

C'était la troisième obtenue en trois jours, par les mêmes hommes, dans cette partie du théâtre de la guerre. Ajoutez-y celles de Coron et du Pont-Barré, et vous jugerez que jamais tant de triomphes ne couronnèrent en si peu de temps des efforts si héroïques. Assaillie de tous côtés, la Vendée faisait face partout, et partout elle restait victorieuse.

Au prix de tant de victoires, on avait gagné quelques jours de repos. Les paysans retournèrent dans leurs foyers pour embrasser leurs familles et raconter leurs exploits, en attendant un nouvel appel. Dans les chemins du Bocage on ne rencontrait que des canons conquis, des drapeaux, des trophées de toute espèce. Des *Te Deum* furent chantés dans toutes les paroisses, concert doublement imposant et magnifique, vis-à-vis des dangers incessans, suspendus sur ce pays fidèle.

CHAPITRE V.

Seconde bataille de Chatillon. — Bataille de la Tremblaye. — Conseil tenu à Beaupréau. — Bataille de Cholet. — Bonchamps est mortellement blessé. — On le transporte à Saint-Florent. — Il sauve les prisonniers républicains. — Il passe la Loire. — Ses derniers momens. — Sa mort. — Destinée de sa famille. — Son portrait. — Le monument de Saint-Florent.

Les armées républicaines employèrent ce léger temps d'arrêt à se reformer, à remplir leurs cadres. Des bataillons nouveaux succédaient à ceux que dévorait la Vendée; de nombreux canons sortaient des arsenaux, pour remplacer l'artillerie enlevée à la course. En présence de cette lutte gigantesque soutenue par ce pays, si faible en apparence, contre des ennemis si forts, on semble revenu au temps des prodiges; et pourtant, le seul prodige, c'était l'héroïsme vendéen soutenu par la foi; et ces merveilles, que l'on révoquerait en doute si elles dataient des siècles reculés, elles ont laissé des témoins et des acteurs encore vivans aujourd'hui!

Dès le 8 octobre, les généraux Chalbos et Westermann, partis de Fontenay, attaquèrent, au Moulin-aux-Chèvres, Lescure, La Rochejaquelein et Stofflet, dont les rassemblemens n'étaient encore qu'à demi-formés. Les Vendéens durent céder au nombre. Chatillon fut pris. MM. d'Elbée et de Bonchamps, à cette nouvelle, se hâtèrent de quitter Cholet, avec toutes les forces qu'ils purent rassembler, pour se réunir à leurs frères d'armes. La grande armée revint sur Chatillon. Bonchamps avait encore le bras en écharpe, ainsi que La Rochejaquelein ; mais les blessés eux-mêmes combattaient.

Le 11 octobre, les avant-postes ennemis sont surpris et égorgés. La division de Chemillé qui, sous les ordres du chevalier de la Sorinière, avait eu grande part à la victoire du Pont-Barré, entama l'action avec une impétuosité irrésistible. En vain les Bleus veulent se mettre en bataille; déjà les Vendéens sont dans Chatillon, où le carnage continue et redouble. L'armée républicaine, en pleine déroute, fuit par la route de Bressuire, abandonnant vingt-cinq canons et tous ses équipages. Mais les Vendéens commettent une imprudence qui leur fut plus d'une fois fatale. Fatigués, échauffés par la marche et le combat, exaltés par la victoire, ils se jettent sur l'eau-de-vie qu'ils trouvent en abondance dans les bagages républicains. Malgré la voix de leurs chefs, ils boivent immodérément; beaucoup s'endorment dans les rues et dans les maisons.

Louis Legeay, de Chanzeaux, et d'autres officiers, avec un petit nombre de cavaliers, s'étaient lancés à la poursuite des Bleus. Westermann, n'ayant affaire qu'à si peu d'hommes, conçoit le hardi projet de retourner à Châtillon, non pas dans l'espoir de s'y maintenir, mais pour y faire le plus de mal possible. Il rassemble une centaine de hussards, qui prennent chacun un fantassin en croupe, repousse quelques Vendéens qui le poursuivent, et rentre avec eux dans la ville, criant *vive le roi!* pour favoriser cette surprise, et massacrant tout ce qu'il rencontre. Il faisait nuit : l'obscurité augmente le désordre : presque tous les Vendéens étaient hors d'état de se défendre. Quelques uns se battent en héros. Legeay venait d'être démonté, il court à l'hôpital où se trouvait son frère Pierre, blessé dans la bataille; il le prend dans ses bras, le confie à un cavalier vendéen, revient dans la mêlée, abat un hussard d'un coup de sabre et s'empare de son cheval. On assure que, dans cette journée, il tua, lui seul, quinze Bleus. Les hussards étaient presque aussi ivres que les Vendéens. Le prince de Talmont descendait l'escalier de la maison où il logeait; des Bleus, en montant, le renversèrent sans le reconnaître, et allèrent égorger la maîtresse de la maison et sa fille qui étaient républicaines. En même temps, ils mettaient le feu partout. Presque tous furent tués; mais, au milieu de cette épouvantable confusion, les généraux vendéens prirent le parti d'évacuer la ville jusqu'au jour. Le matin, quand ils y rentrèrent, ils n'y trouvèrent que des cadavres, des maisons en flammes et pas un seul républicain. Ils firent enlever les canons, les caissons, toutes les conquêtes de la veille, et coururent vers Cholet, où le péril était le plus grand.

Les Mayençais étaient rentrés en campagne. Ils avaient fait leur jonction avec les divisions des Sables et de Luçon, et marchaient sur Mortagne qu'ils occupèrent le 14 octobre. Le lendemain, ils poursuivirent leur mouvement sur Cholet. A mi-chemin, près du château de la Tremblaie, eut lieu un choc terrible qui fut d'abord à l'avantage des Vendéens; mais M. de Lescure tomba mortellement blessé; les réserves républicaines arrivèrent. Il fallut abandonner Cholet et se replier sur Beaupréau, où se concentrèrent toutes les armées de la haute Vendée. Les Bleus, de leur côté, se renforcèrent des troupes de Chalbos et Westermann, ralliées à Bressuire après leur défaite de Chatillon.

A Beaupréau, le 16 octobre, il se tint un grand conseil. C'était le jour même où l'infortunée Marie-Antoinette montait, à Paris, sur l'échafaud de son royal époux. Pendant que s'accomplissait ce nouveau régicide, les dévoués défenseurs du trône se préparaient à vaincre ou à périr.

Une bataille générale fut résolue; mais, d'après l'avis de M. de Bonchamps, trois à quatre mille hommes de son corps, presque tous de la rive droite, furent détachés pour attaquer Varades et assurer au besoin le passage de la Loire, sous les ordres de MM. de Talmont, d'Autichamp et de Scépeaux. Depuis quelques jours, Bonchamps avait envoyé à Saint-Florent sa femme et ses enfans : aussitôt que cette dernière décision eut été prise, il écrivit à madame de Bonchamps pour lui annoncer qu'en cas de revers on passerait le fleuve, et l'avertir de se tenir prête à tout événement.

Le 17 octobre, au matin, les Vendéens, au nombre de trente-neuf à quarante mille hommes, dont quinze cents cavaliers, marchèrent sur Cholet. Les Bleus, forts de quarante-cinq mille hommes, prenaient en même temps la route de Beaupréau. Ce fut dans la lande de Begrolle que les deux armées se rencontrèrent. Sur ce terrain découvert, les Vendéens s'avancèrent en colonnes serrées, comme la troupe de ligne. Cette régularité étonna les républicains. Peu de jours après, Westermann écrivait à la Convention : « On ne reconnaissait pas les Vendéens : ils semblaient » l'armée la plus accoutumée à la tactique. » Un ouvrage fait dans un sens très peu royaliste, les *Victoires et conquêtes*, dit à ce sujet :

« Les dispositions de l'armée vendéenne parurent, en cette circonstance, beaucoup plus militaires qu'elles ne l'avaient jamais été, et c'est à Bonchamps qu'il faut en attribuer l'honneur. *Cet homme extraordinaire, qui n'a pas été assez apprécié, même par ceux de son parti*, avait l'instinct de la guerre, et était appelé à parcourir une carrière brillante, si la mort ne l'eût pas frappé trop tôt pour le succès de la cause royale. »

La Rochejaquelein conduisait la gauche, opposée à Beaupuy et à ses Mayençais; Marigny et Stofflet étaient à la droite, ayant contre eux Westermann; le centre, sous les ordres de d'Elbée et de Bonchamps, faisait tête au général Léchelle, qui commandait en chef les républicains. Dans les rangs des Bleus se trouvaient sept conventionnels : l'un d'eux était Carrier, d'horrible mémoire.

L'armée royale se prosterna et fit la prière; puis, après quelques décharges d'artillerie, elle entama l'action à l'arme blanche. Jamais on ne vit plus furieuse attaque. La gauche des Bleus est culbutée jusque dans le faubourg de Cholet : plusieurs pièces de canon sont prises et retournées contre les républicains ; Bonchamps et d'Elbée enfoncent le centre des Bleus; les Mayençais s'avancent au pas de charge contre La Rochejaquelein : ils sont vigoureusement repoussés. Déjà les royalistes semblent tenir la victoire; mais une masse de cavalerie vient fondre sur les paysans qui s'étaient égaillés pour envelopper l'ennemi. Ainsi dispersés, ils ne peuvent soutenir le choc : la face du combat est changée; la déroute se met parmi les Vendéens.

A cet aspect, les généraux tentent un effort désespéré. Ils rallient autour d'eux une troupe de braves réputés pour tels, même entre tant d'hommes intrépides. Là, près de MM. de La Rochejaquelein, d'Elbée, de Bonchamps, de Royrand, se trouvaient Duperat, Forest, Beaurepaire, Desessarts, Legeay, Duchaffault, les frères Soyer, de Beaugé, Allard, Cadi, Renou, Loiseau, Picherit, Tonnelet, de Mondyon, Genest, de Brocour, Grelier, Vandangeon, d'autres encore dont les noms mériteraient un souvenir éternel. Au nombre de trois ou quatre cents, tant cavaliers que fantassins, ils poussent un cri terrible de *mort aux républicains*, et se précipitent, tête baissée, sur les rangs ennemis, sans autre espérance que de faire payer la victoire le plus cher possible. Partout où vient heurter cette colonne dévouée, elle ouvre des brèches sanglantes : c'est une lutte corps à corps, acharnée, désespérée, où s'accomplissent des traits de valeur surhumains. Mais le nombre est trop inégal : d'Elbée est atteint de plusieurs blessures; Bonchamps est frappé d'un coup de feu au ventre. En ce moment un renfort arrive ; c'est M. de Piron, qui amène, des environs de Champtoceaux, une partie du corps de M. de Lyrot. Cette faible troupe ne pouvait changer la fortune ; mais elle contint assez l'ennemi pour protéger l'enlèvement des blessés. Les Bleus, d'ailleurs, avaient tant souffert qu'ils ne poursuivirent pas d'abord.

Bonchamps avait essayé de remonter à cheval ; ses forces trahirent son énergie ; on le plaça sur un brancard que portaient ses soldats désolés. On le porta ainsi jusqu'à Beaupréau, dans la maison de madame Bonnay ; puis, le lendemain matin, jusqu'à Saint-Florent.

Le corps détaché pour s'emparer de Varades avait parfaitement rempli sa mission. Le 17 au matin, franchissant la Loire en face de l'ennemi, sur quelques frêles barques, il avait chassé les Bleus et assuré le passage. Le chevalier de Turpin se distingua particulièrement dans ce combat. En même temps, M. de Lyrot, profitant des basses eaux, traversait à gué la Loire, à la pointe de l'île, près d'Ancenis, tournait cette ville et l'emportait avec courage.

Dès le 17 au soir, beaucoup de fuyards étaient arrivés à Saint-Florent et commençaient à traverser le fleuve. Ce n'est pas ainsi que Bonchamps avait conçu le passage de la Loire quand la Vendée était encore victorieuse. Il voulait une diversion et non pas une émigration en masse. Mais une foule immense de femmes, d'enfans, de vieillards, de blessés, se trouvait mêlée avec les combattans, ayant derrière eux les Bleus, le massacre, l'incendie, tendant les mains vers la rive droite, comme vers le seul lieu de refuge. Dans ces circonstances, une nouvelle bataille était impossible ; et les chefs mêmes qui auraient voulu tenter encore la fortune, finirent par se résigner à ce passage, exécuté sous de si lugubres auspices. L'artillerie qui restait, avec une certaine quantité de bestiaux, traversa le fleuve au gué d'Ancenis.

L'on avait évacué de Beaupréau sur Saint-Florent environ cinq mille cinq cents prisonniers; on les enferma dans l'abbaye. Autour d'eux grondait la colère des Vendéens, exaspérés par tant d'atrocités, et réclamant à grands cris de trop légitimes représailles. Les chefs répugnaient vivement à cette affreuse exécution, même en présence d'une nécessité trop manifeste, car, on le savait par expérience, les prisonniers que l'on relâchait retournaient aussitôt, malgré la foi jurée, grossir l'armée républicaine : on ne pouvait traîner ceux-ci au delà du fleuve; les épargner, c'était se donner de nouveaux ennemis.

On avait déposé Bonchamps au bas de la ville, dans la maison Duval (achetée depuis par M. Oger, médecin, et appartenant aujourd'hui à ses enfans). Il gîsait sur un matelas, dans une chambre donnant sur la rue. Autour de lui s'étaient rangés à genoux, les yeux en pleurs, les officiers de son armée, attendant avec angoisse la décision du chirurgien qui examinait la blessure. La morne tristesse qui se peignit sur tous les visages montra trop bien à Bonchamps qu'il n'y avait pas d'espoir. Dans ce fatal instant, les cris de mort redoublaient; déjà les canons étaient braqués contre les portes de l'abbaye. Un officier vient prévenir Bonchamps de ce qui se passe. Aussitôt le général élève sa voix mourante : « Grâce, dit-il, grâce pour les prisonniers! » Et se tournant vers M. d'Autichamp, il ajoute : « Mon ami, c'est sûrement le dernier ordre que je vous » donnerai, laissez-moi l'espérance qu'il sera exécuté. »

A l'instant même, le brave Joseph Lefort, de la Chapelle-du-Genêt, et plusieurs autres cavaliers de l'armée de Bonchamps, s'élancent au galop pour porter aux Vendéens cette suprême et magnanime volonté. « Grâce aux prisonniers! crient-ils. Grâce! Bonchamps le veut, Bonchamps

» l'ordonne!! » A ce nom si puissant sur eux, les Vendéens cèdent attendris, et les prisonniers sont sauvés.

Le passage du fleuve continuait. Quelques bateaux forçant de rames, multipliant leurs voyages, transportaient à grand'peine la multitude éperdue. On mit Bonchamps dans une de ces barques; il parvint ainsi au village de la Meilleraie, près Varades, sur l'autre bord: on le porta dans une humble maison de pêcheur. Il conservait encore toute sa connaissance. Sentant qu'il n'avait plus que peu de momens à vivre, il écoutait avec un pieux ravissement les exhortations de deux respectables ecclésiastiques, M Martin, intendant de son armée, et M. Courgeon, curé de la Chapelle-Saint-Florent. A leurs paroles, qui lui promettaient les divines récompenses, il répondit, les yeux levés au ciel, et d'une voix ferme encore: « Oui, j'ose compter sur la mi-
» séricorde suprême; je n'ai agi, ni par un sentiment d'or-
» gueil, ni pour obtenir une réputation qui s'anéantit dans
» l'éternité. Je n'ai point combattu pour la gloire humaine;
» j'ai voulu renverser la tyrannie sanguinaire du crime et
» de l'impiété; si je n'ai pu relever les autels et le trône,
» je les ai du moins défendus; j'ai servi mon Dieu, mon
» roi, ma patrie; j'ai su pardonner.... » Cette dernière pensée le préoccupait toujours; il y revint plusieurs fois, répétant qu'on lui avait promis la grâce des prisonniers, et qu'il y comptait.

Le jour même, 18 octobre, après avoir reçu en véritable saint les secours de la religion, Bonchamps rendit l'âme entre les bras de MM. Courgeon et Martin.

On se hâta d'ensevelir, dans le cimetière de Varades, les restes de Bonchamps. C'était pendant la nuit, à la lueur de quelques torches, au milieu des sanglots des assistans, qui pleuraient leur général, leur ami, leur père, et qui avaient besoin de toute leur énergie pour se sentir capables de combattre désormais sans lui.

Il est trop certain (on aurait voulu douter de cette infamie), que des prisonniers laissés libres à Saint-Florent s'empressèrent, après le départ des Vendéens, de ramasser quelques canons abandonnés, et tirèrent sur ceux qui venaient de leur faire grâce ; les torches mêmes qui éclairaient les funérailles de Bonchamps, servirent de point de mire. L'un des hommes qui portaient le cercueil, nommé Bélion, fut atteint mortellement. Au moins, disons-le pour l'honneur de l'humanité, cette odieuse ingratitude ne fut pas le crime de tous; car le lendemain, quand l'armée républicaine, avant d'arriver à Saint-Florent, rencontra ces prisonniers sur la route, beaucoup d'entre eux rendaient hautement hommage à la générosité qui les avait sauvés. Citons, à cet égard, une dépêche du conventionnel Merlin au comité de salut public, en date du 19 octobre :

« Ces *lâches ennemis de la nation* (les Vendéens) ont, à ce » qui se dit ici, épargné plus de quatre mille des nôtres » qu'ils tenaient prisonniers. Le fait est vrai, car je le tiens » de la bouche de plusieurs d'entre eux. Quelques uns se » laisaient toucher par ce trait *d'incroyable hypocrisie*. Je » les ai pérorés, et ils ont bientôt compris qu'ils ne devaient » aucune reconnaissance aux *brigands*. Mais comme la na- » tion n'est pas encore à la hauteur de nos sentimens *pa- » triotiques*, vous agirez sagement en ne soufflant pas mot » sur une pareille *indignité*. Des hommes libres acceptant » la vie de la main des *esclaves !* cela n'est pas révolution- » naire. Il faut donc ensevelir dans l'oubli cette *malheu- » reuse action*. N'en parlez pas même à la Convention. Les » *brigands* n'ont pas le temps de faire ou d'écrire des jour- » naux : cela s'oubliera comme tant d'autres choses. Nous » allons maintenant marcher contre eux et déployer toutes » les forces de la République; mais je regretterai long- » temps de n'avoir pu leur faire prendre *un immense bain » de pieds* dans la Loire. Le fleuve est si large ! »

C'était là le style et les sentimens des hommes de la révolution !

Malgré l'éloquence *patriotique* du régicide Merlin, plusieurs des prisonniers de Saint-Florent conservèrent leur honorable reconnaissance. Ils trouvèrent même l'occasion de la témoigner plus tard, quand madame de Bonchamps, après les désastres d'Outre-Loire, fut prise et condamnée à mort. L'un d'eux, M. Haudaudine, négociant nantais, imagina, pour la sauver, de signer et de faire signer par beaucoup d'autres, un certificat attestant que c'était sur les instances de sa femme que M. de Bonchamps avait fait grâce aux prisonniers. Il est très vrai que madame de Bonchamps, sur la place de Saint-Florent, avait cherché à calmer la fureur des Vendéens ; mais elle ne se trouvait pas auprès de son mari, dont on la tenait éloignée, en lui cachant avec soin sa position. Toujours est-il que le généreux subterfuge de M. Haudaudine et de ses amis fut couronné de succès.

La Vendée se trouvait privée de son plus habile général, au moment de combattre dans un pays nouveau où les sages directions de Bonchamps, ses connaissances locales, ses plans mûrement médités, auraient rendu de si grands services. Le conventionnel Bourbotte lui paya, sans le vouloir, un tribut bien éloquent par ces quelques mots : « La » mort de Bonchamps vaut, pour la république, la plus » éclatante des victoires. »

Le fils de Bonchamps, cet aimable petit Hermenée, déjà fait au bruit du canon, déjà connu et chéri des Vendéens, qu'il animait de sa voix enfantine, partagea les souffrances de la campagne d'Outre-Loire. La Rochejaquelein l'avait pris sous sa protection, et, parmi tant de périls, l'entourait des plus tendres soins. Séparé de son protecteur, errant, avec sa mère et sa sœur, d'asile en asile, le pauvre enfant périt de maladie, de froid, de misère. Attaqués, comme lui, de la petite vérole, madame de Bonchamps et sa fille passèrent trois jours et trois nuits, au milieu de l'hiver, cachées dans un tronc d'arbre creux; et elles survécurent, elles survivent encore à de telles épreuves!

Les Bleus, heureusement, n'avaient pas eu connaissance de la sépulture de Bonchamps. Ses dépouilles reposèrent en ce lieu jusqu'à l'année 1817. Alors, elles furent exhumées en grande pompe, pour être transférées provisoirement dans le cimetière de la Chapelle-Saint-Florent, où dorment ses ancêtres, en attendant la consécration du monument que préparait la Vendée. On eut sur le lieu de la sépulture les plus sûrs renseignemens. On se rappelait d'ailleurs que le corps avait été enseveli avec ses bas et sa chaussure, dont les débris furent, en effet, retrouvés dans la fosse. Le cercueil était soutenu par d'anciens soldats de Bonchamps, dont quelques uns l'avaient porté mourant au passage de la Loire. La foule était immense et recueillie. A la tête du cortége marchaient M. le comte Arthur de Bouillé, digne époux de la fille du héros royaliste; puis, M. le vicomte de Bonchamps, cousin-germain du général; M. le comte d'Autichamp, son parent, son ami, et une foule de ses compagnons d'armes.

A la même époque, fut faite une enquête qui constata officiellement, de la manière la plus authentique, le trait sublime qui a couronné la vie de Bonchamps. Plusieurs de ceux qui avaient tout vu, tout entendu, MM. l'abbé Martin, d'Autichamp, le chevalier de Fleuriot, Martin-Baudinière, apportèrent et signèrent d'irrécusables témoignages, auxquels s'unirent MM. Haudaudine, Painparay, Maucomble et d'autres prisonniers épargnés le 18 octobre 1793.

En 1824, fut inauguré, dans l'église de Saint-Florent, le tombeau qui renferme aujourd'hui les restes de Bonchamps. Ce fut encore une magnifique solennité. M. l'abbé Gourdon, alors curé de la Chapelle-du-Genêt, et maintenant curé de la cathédrale d'Angers, prononça une oraison funèbre où l'orateur chrétien loua dignement le héros chrétien. La statue qui surmonte le tombeau, due au ciseau de M. David, d'Angers, retrace le moment où se fit entendre le mot sublime : *Grâce ! grâce!* Cette statue est d'une belle expression ; mais, quant à la ressemblance, l'artiste s'en est peu occupé.

Bonchamps était d'une taille moyenne et constitué d'une manière vigoureuse; il avait les épaules assez larges, les dents très belles, la figure pleine, les cheveux noirs, épais et frisés. Ses yeux, pleins d'esprit et de vivacité, respiraient en même temps cette bonté, cette douceur, alliée chez lui à la valeur la plus intrépide, à une supériorité de talens qui doit le placer très haut parmi les militaires, et qui, chez lui, était née tout ensemble du génie naturel et de l'étude. Dans d'autres circonstances, il aurait vécu pour l'amitié, pour les affections de famille, pour les beaux-arts, qu'il cultivait avec bonheur. On conserve encore un portrait en miniature de madame de Bonchamps et deux dessins au crayon qui sont son ouvrage. Profondément instruit, il avait la conversation la plus solide, la plus intéressante. Sa modestie égalait son rare mérite. Ses manières étaient constamment distinguées, polies et affables. Jamais on n'entendit sortir de sa bouche un seul jurement, un seul de ces mots grossiers et brutaux qui ne prouvent absolument rien en faveur du courage. Adoré de ses soldats, il n'avait besoin, pour les animer, pour leur donner confiance, que de leur montrer ce noble visage, où semblait rayonner une promesse de victoire. Une fois, par suite d'une différence d'avis, Stofflet, plein de bravoure aussi, mais avec d'autres formes, le provoqua en duel. « Non, Monsieur, » lui dit Bonchamps, « je n'accepte pas votre défi ; » Dieu et le roi peuvent seuls disposer de ma vie, et notre cause perdrait trop si elle était privée de la vôtre. »

En 1828, quand son Altesse Royale Madame, duchesse de

Berry, fit en Vendée ce voyage qui a laissé de si précieux souvenirs, l'auguste mère de **Henri de France** vint prier devant la tombe de Bonchamps, comme à un lieu de saint pèlerinage. Sur le vœu des Vendéens et par le concours de M. le comte de Bouillé, un service annuel a été fondé en mémoire de Bonchamps, dans l'église de la Chapelle-du-Genêt, lieu célèbre par une de ses premières victoires. Ce service a lieu le 18 octobre, anniversaire de la mort du général. Les Vendéens viennent en foule s'associer à cette pieuse cérémonie.

Les hommes honnêtes de toutes les opinions se sont confondus, envers Bonchamps, dans un hommage unanime. Néanmoins, si l'enceinte d'un édifice public n'eût pas protégé sa tombe, elle aurait probablement subi le même sort que les monumens de Charette, Cathelineau, etc., pieux souvenirs vainement défendus par la vénération publique. Au château de la Périnière, chez M. le comte de Bouillé qui, étranger à la Vendée par la naissance, s'y est naturalisé par le cœur, on voit un beau portrait en pied de Bonchamps, présent du roi Charles X. Au mois de février 1840, deux cents soldats vinrent cerner la Périnière. Pendant plusieurs jours ils multiplièrent en vain les recherches, pour saisir M. de Bouillé, alors sous l'atteinte d'une condamnation à mort. Le portrait de Bonchamps est sillonné d'un coup de baïonnette, souvenir de cette impuissante expédition et témoignage de ces passions haineuses que les plus saints titres ne peuvent désarmer.

PIÈCES JUSTIFICATIVES.

Nous, soussignés, officiers et soldats de l'armée royale de la Vendée, sous les ordres de M. le marquis de Bonchamps, certifions, qu'il est à notre connaissance qu'en 1793, après la bataille de Cholet, nous avions conduit avec nous cinq mille prisonniers républicains, qui furent renfermés dans l'abbaye des Bénédictins de Saint-Florent: irrités de la blessure mortelle de notre général, qui était sur le point de rendre le dernier soupir, les soldats voulaient faire périr les prisonniers renfermés dans l'abbaye : déjà les canons étaient dirigés contre l'édifice, quand on alla demander à M. de Bonchamps ce qu'il voulait qu'on en fît. Il répondit qu'il n'avait qu'une grâce à demander à ses soldats avant d'expirer, c'était de rendre la liberté à ces prisonniers sans leur faire aucun mal. Tous les Vendéens s'empressèrent d'obéir à la voix de leur général, et la liberté fut aussitôt rendue aux prisonniers.

Nous garantissons, sur notre honneur, la vérité de la présente déclaration.

Saint-Florent-le-Vieil, ce 4 juin 1817.

Signé Gruget, curé de Saint-Florent-le-Vieil; Gazeau, maire de Saint-Florent; Lecocq, commissaire pour le roi; Guérin, Barré, Mélayer, Bretandeau, Lebrun, Porcher, Herché, Jean Cauneau, Dalainne, Oger, chirurgien-major; S. Courgeon, curé de la chapelle Saint-Florent;

Plouzin, chef de division, capitaine en 1793; Forestier, curé de la Pommeraye, frère du général Forestier; Ragnea, Bondu, Rideau, Michelle, lieutenant; Chaperon, capitaine et maire de la Chapelle; Guichet, capitaine; Gussonneau, Chatignier, François Grimault, Pionneau, curé de Chaudron; Courtais, capitaine d'artillerie; Jean Delaunay, lieutenant; Sécher, Pionneau, Brunsard, lieutenant; Clément, Marné, Chiron, Guiet, Lucas, Veillet, lieutenant.

—

Nous soussignés, déclarons que les nommés Pierre Avril, capitaine; Avril Etienne, lieutenant; Oger Joseph, capitaine; Oger Michel, Bourget Louis, Rabjeau Louis, sergent; Gabory, Fleury-Guillaume, Colommier jeune, Lefou, Guerchais, Macé P., Macé Julien, Gallard R., Poitevin J., Poitevin L., German père, German André, German P., Avrillault, Allard F., Raimbault F., Vincent L., Onillon L., Onillon R., Gussonneau, Chauvin J., Papin S., et Moinet, ont parfaite connaissance que M. de Bonchamps sauva la vie à cinq à six mille prisonniers républicains, renfermés dans l'abbaye de Saint-Florent, le dix-huit octobre 1793, en donnant l'ordre à toute l'armée de ne point les fusiller.

Nous avons lu aux susdits dénommés le présent certificat, et ils nous ont déclaré ne savoir signer. En foi de quoi nous avons signé.

Le maire de Saint-Florent, Gazeau;

Lebrun.

Vu pour légalisation des deux certificats ci-dessus, signé Gazeau, maire de Saint-Florent-le-Vieil, le 12 juin 1817; et scellé.

—

Le dix-huit octobre mil sept cent quatre-vingt-treize, le surlendemain (1) de la bataille de Cholet, où M. le marquis de Bonchamps, général et commandant en chef l'armée de Bonchamps, fut blessé mortellement, les Vendéens, arrivés à Saint-Florent, y trouvèrent cinq mille prisonniers républicains et demandèrent leur mort à grands cris, pour venger leur général expirant. Ces prisonniers ne durent la vie qu'à l'ordre que donna M. de Bonchamps de les respecter et de les mettre en liberté. Cet ordre fut suivi par toutes les armées.

Je soussigné, alors commandant les chasseurs de Bonchamps, présentement colonel en retraite, chevalier de Saint-Louis, déclare, sur mon honneur, avoir pleine connaissance du fait ci-dessus rapporté. Je déclare, en outre, qu'en ma présence, au moment où l'ordre de M. de Bonchamps fut connu des prisonniers, ils crièrent spontanément *vive le roi!*

Signé MARTIN BAUDINIÈRE DE LA POMMERAYE,
Colonel, chevalier de Saint-Louis.

A Saint-Florent-le-Vieil, le cinq juin mil huit cent dix-sept.

—

Je soussigné, ancien maréchal-des-logis des gardes-du-corps du roi, chevalier de l'ordre royal et militaire de Saint-Louis, certifie à qui il appartiendra, que le 18 octobre 1793, M. de Bonchamps, général en chef de l'armée dite d'Anjou, blessé mortellement à l'affaire de Cholet, et peu d'heures avant sa mort, donna pour dernier ordre, de faire respecter, par toute l'armée, la vie de cinq mille prisonniers républicains renfermés dans l'abbaye de Saint-Florent, et que cet ordre fut exécuté malgré la fureur des soldats, qui voulaient venger leur général expirant; m'ho-

(1) Le lendemain : la bataille eut lieu le 17.

norant de pouvoir rendre cet hommage à la mémoire de M. de Bonchamps, et à la gloire d'une vie illustrée déjà par tant de hauts faits d'armes, et couronnée par ce trait d'humanité digne de sa grande âme, de notoriété publique, et que je puis attester comme témoin. En foi de quoi j'ai signé le présent.

Signé le chevalier DE FLEURIOT,
Maréchal-de-camp, et commandant en second de l'armée vendéenne d'Anjou.

A Ancenis, ce 10 juin 1817.

Le 18 octobre 1793, M. le marquis de Bonchamps, commandant en chef l'armée royale vendéenne d'Anjou, étant blessé et rendu à Soint-Florent-le-Vieil, dans la maison Duval, dans la chambre touchant la rue, reçut un officier d'une autre division, qui lui dit qu'il y avait cinq à six mille prisonniers républicains renfermés dans l'abbaye, qui seraient dans deux heures nos ennemis, qu'il fallait s'en délivrer et les fusiller. M. de Bonchamps répondit qu'il ne fallait pas égorger des ennemis devenus prisonniers. En même temps il donna l'ordre positif de les respecter, et son ordre fut exécuté. Peu d'instans après il passa la Loire, et mourut le même jour au village de la Meilleraie, dans la commune de Varades, en Bretagne. Je soussigné, alors intendant de l'armée de Bonchamps, présentement curé de Montrevault, en Anjou, déclare, sur ma conscience et sur mon honneur, avoir entendu les paroles de M. de Bonchamps, et avoir été témoin oculaire du fait ci-dessus rapporté.

A Saint-Florent, le 5 juin 1817.

Signé MARTIN, *curé de Montrevault.*

Nous soussignés, habitans de Nantes, déclarons et attestons sur l'honneur, qu'ayant fait partie des prisonniers républicains qui se trouvèrent, le 18 octobre 1793, entassés au nombre de cinq mille cinq cents environ, à Saint-Florent-le-Vieil, où notre délivrance eut lieu le lendemain par l'armée républicaine, nous ne dûmes notre salut à cette fatale époque, qu'au caractère noble et généreux de M. de Bonchamps, l'un des généraux de l'armée vendéenne, qui, peu d'instans avant sa mort, parvint par ses exhortations à contenir la fureur de ses troupes, et leur fit même la défense la plus rigoureuse d'attenter à la vie des prisonniers, dont le sacrifice paraissait résolu.

Nantes, ce 2 juillet 1817.

Signé HAUDAUDINE, PAINPARAY,
J.-B. MAUCOMBLE, F. MARRION.

Vu par nous, maire de Nantes, chevalier de l'ordre royal et militaire de Saint-Louis, pour légalisation des signatures Haudaudine, Painparay, J.-B. Maucomble et F. Marrion, apposées d'autre part.

En mairie, à Nantes, le 7 juillet 1817.

Signé GASP. BARBIER, adjoint.

Vu pour légalisation de la signature de M. Gasp. Barbier, adjoint, apposée ci-dessus.

Nantes, ce 7 juillet 1817.

Le préfet de la Loire-Inférieure,
Signé BROSSE.

EXTRAIT

DES MÉMOIRES DE MADAME LA MARQUISE DE BONCHAMPS.

—

(Nous avons dit en peu de mots quel fut le sort de l'infortunée veuve de Bonchamps, après les désastres d'Outre-Loire. Mais pour se figurer un tel excès de souffrances, il faut en lire la description par madame de Bonchamps elle-même.)

Il n'y a d'Ancenis à Saint-Herblon que quatre lieues : néanmoins je partis à cinq heures du soir, et je n'arrivai à ce village qu'à six heures du matin : il est vrai que nous étions à pied, que je portais Hermenée sur mon dos. La femme qui me suivait portait ma fille. Nous apercevions souvent de loin des Bleus; alors nous étions obligés de rétrograder : je suis sûre que nous fîmes au moins dans cette journée six ou sept lieues. Enfin arrivés à Saint-Herblon, après avoir couru mille dangers, nous y reçûmes l'hospitalité dans une ferme, et ce même jour une fièvre brûlante nous obligea tous les trois de nous mettre au lit. Nous nous trouvâmes ma fille et moi le corps tout couvert de boutons : c'était la petite vérole. Elle fut très bénigne pour ma fille et pour moi ; mais l'éruption fut imparfaite pour Hermenée, qui, dans ce moment, me donnait les plus déchirantes inquiétudes.

Nous n'étions pas encore quittes de cette affreuse maladie, lorsque des voisins vinrent dire au fermier qui nous logeait que, s'il avait des Vendéens cachés chez lui, il devait, pour éviter la perte de sa maison les renvoyer sans délai, parce qu'un détachement de Bleus s'approchait. Dans cette extrémité, le fermier nous mena dans une grange ouverte à tous les vents, et nous y cacha sous de la paille. Nous y restâmes toute la nuit. Un froid excessif, joint à tout ce qu'Hermenée avait souffert au passage de la Loire, empêcha tout-à-fait sa petite vérole de sortir, et le jour suivant cet enfant chéri expira sur mon sein. Je ne sais ce que je serais devenue dans cette horrible situation sans la religion, qui suffit à tout et qui fait tout supporter. Je vis cet enfant bien aimé dans le ciel, et je ne pleurai que sur moi-même. Je l'enveloppai dans un grand mouchoir blanc, et je le gardai mort dans mes bras pendant quarante-huit heures, ne voulant m'en séparer que pour le déposer dans une terre consacrée par la religion. Enfin je trouvai le moyen de le faire enterrer secrètement dans le cimetière de Saint-Herblon. Ce cruel événement fit découvrir que nous étions réfugiés dans cette grange : il fallut la quitter. Un excellent homme du village, nommé Drouneau, vint nous en tirer, et nous conduisit, ma fille et moi, à une demi-lieue de là, à la Hourdaillière, chez un de ses parens. Nous étions encore toutes couvertes de petite vérole. Je m'attendris en quittant ma fidèle servante; mais j'eus la consolation de penser que n'étant plus avec nous, elle ne courait absolument aucun danger.

Les républicains étant venus de Nantes faire une battue auprès de notre nouveau refuge, on nous fit au plus vite sortir de la maison, et l'on nous mit dans le creux d'un arbre qui avait douze pieds de haut; nous y montâmes par le moyen d'une échelle; nous y restâmes trois jours pleins et trois nuits, ayant la petite vérole; j'avais de plus un dépôt au genou et un à la jambe. Je souffrais beaucoup de ces deux plaies ; mais je crois pourtant qu'elles ont contribué à me sauver la vie, toute l'humeur s'étant portée là avec abondance.

Le bon paysan plaça près de nous, dans le ceux de cet arbre, une petite cruche d'eau et un morceau de pain. Qui pourrait exprimer tout ce que j'ai souffert dans cette triste situation, après le moment de joie que me causa la possibilité de pouvoir tenir avec ma fille dans le creux de cet arbre ! Du moins c'était un asile, et dans ce moment terrible, c'était tout. Jamais on n'a pris possession avec plus de satisfaction et de plaisir d'un appartement bien commode et qui convient parfaitement. Mais ensuite que de réflexions sinistres vinrent en foule m'assaillir !... Au bout d'une heure, je me trouvai si fatiguée de l'attitude forcée que j'étais obligée d'avoir dans cette étroite prison, et que je ne pouvais changer, que je pensai qu'il me serait impossible d'y fermer l'œil. Ma fille souffrait moins que moi, parce que je la tenais sur mes genoux et qu'elle pouvait se retourner, ce qu'elle ne faisait jamais sans froisser mon genou malade, ce qui me causait une vive douleur dont je me gardais bien de me plaindre. Je passai en effet une nuit affreuse, et l'inquiétude, autant que le malaise physique, ne me permit pas de prendre un instant de repos ; ma fille dormit un peu ; mais, durant son sommeil, elle gémissait toujours, et ses plaintes me déchiraient le cœur ; elle ne se réveillait que pour demander à boire ; j'éprouvais moi-même une soif ardente et je n'osais la satisfaire, dans la crainte d'épuiser notre petite provision d'eau.

Enfin, au point du jour, notre charitable paysan vint nous apporter du pain noir et des pommes. Cette visite seule fut une consolation pour moi : elle me prouvait que nous n'étions pas entièrement abandonnées, et qu'il nous restait un appui et un protecteur. Je n'avais nul appétit ; mais je mangeai avec avidité des pommes, parce qu'elles me désaltéraient un peu, et je sentis bientôt que cette mauvaise nourriture aggravait mon mal : ma fille en éprouvait le même effet ; notre fièvre redoubla ; malgré le froid de la saison, nous étions brûlantes l'une et l'autre ; non seulement sans médecin, sans aucun secours de l'art, sans domestiques, mais sans lit, sans chambre, sans avoir même la possibilité de nous étendre, en proie aux douleurs d'une dangereuse maladie, et enfin exposées aux injures de l'air ; car si le temps n'eût pas été à la gelée et qu'il fût devenu orageux, la pluie et la grêle seraient tombées dans notre arbre.

Dans cette horrible situation, il paraissait impossible de ne pas succomber promptement à tant de maux réunis ; cette idée fit naître en moi le sentiment le plus extraordinaire qui ait jamais pu bouleverser l'âme d'une mère : je désirais vivement pouvoir survivre à ma fille, ne fût-ce qu'une heure ; je ne supportais pas la pensée de ce qu'elle deviendrait et de ce qu'elle éprouverait quand je ne lui répondrais plus, qu'elle ne recevrait plus mes caresses, que je ne la soutiendrais plus dans mes bras, qu'elle me verrait immobile, inanimée, glacée, insensible à ses larmes et à ses cris !... Ces pensées m'arrachaient l'âme, elles m'auraient sûrement coûté la vie, sans la religion qui m'élevait au dessus de moi-même. Je priais avec confiance, ferveur et résignation, et, après chaque prière faite du fond de l'âme, je me sentais fortifiée, ranimée ; mes artères battaient avec moins de violence, ma fièvre diminuait, mes yeux appesantis se fermaient, et je dormais quelquefois deux ou trois heures de suite, du sommeil le plus doux et le plus tranquille ; ma fille aussi prenait des forces, et je cessai de craindre pour sa vie. Au commencement du troisième jour, on nous apporta du lait que je ménageai soigneusement pour elle, et qui lui fit beaucoup de bien.

Enfin on découvrit notre refuge, ou du moins on le

soupçonna. Un paysan, en passant le soir dans l'obscurité près de notre arbre, m'entendit tousser à plusieurs reprises : il devina que quelqu'un était caché dans cet arbre. Il parla de cette découverte en arrivant dans son village. Un ancien soldat de l'armée de M. de Bonchamps entendit ce récit; ce soldat logeait là chez son vieux père; mais ayant servi dans l'armée des royalistes, il se cachait souvent quand les républicains passaient dans le village. Il savait que j'étais fugitive, il pénétra sur-le-champ la vérité; il se garda bien d'en parler aux autres villageois. Il fit semblant d'aller se coucher, et, au lieu de se mettre au lit, il vint sur-le-champ dans l'endroit où j'étais, car il se l'était fait désigner. Tout-à-coup, sur la fin de la nuit, je m'entendis appeler par mon nom; l'heure indue et la grosse voix d'homme que je ne connaissais pas, me causèrent beaucoup de frayeur; je ne répondis point.

Le soldat ne se découragea nullement : il me dit son nom, ce qui ne me rassura guère, parce que je ne me le rappelais pas. Il persista, en ajoutant d'une voix plus basse : *Fiez-vous à un soldat de l'armée de Bonchamps.* Ce nom si cher produisit sur moi tout l'effet qu'il en attendait. Je fondis en larmes, en remerciant Dieu qui m'envoyait un libérateur.

Il grimpa sur le haut de l'arbre, m'aida à parvenir jusqu'à lui, et m'invita à me mettre sur ses épaules, ce que je fis : quoique la charge fût lourde, il descendit avec beaucoup d'adresse et de bonheur; mais, en touchant la terre, le pied lui glissa, et nous tombâmes tous les trois dans la haie. Mon effroi fut extrême pour mon enfant; mais je fus promptement rassurée, car cette pauvre petite, qui n'eut aucun mal, se mit à rire de notre chute. Ce rire, si étonnant dans notre position; ce son, si nouveau et si étrange à mon oreille, me causa à la fois de la surprise, de la joie et le plus vif attendrissement. Le soldat nous conduisit assez près de là, chez son père.

Ce bon vieillard et sa famille nous reçurent avec une cordialité touchante. On alluma un grand feu qui produisit sur moi un tel effet, qu'après m'être chauffée un moment je m'évanouis. Ces bonnes gens, effrayés, crurent d'abord que j'étais morte. Ma pauvre enfant poussait des cris aigus; enfin l'on me prodigua des secours qui me firent reprendre ma connaissance. On me mit avec ma fille dans un lit, et quoiqu'il n'y eût qu'un mauvais matelas, je le trouvai délicieux. La possibilité de m'étendre me causa la plus agréable sensation; je n'ai jamais passé une meilleure nuit. Notre sommeil fut long et paisible, et le lendemain matin nous étions véritablement en convalescence.

—

HISTOIRE

DE

Rénée Bordereau, dite Langevin,

CAVALIER A L'ARMÉE DE BONCHAMPS.

—

Sauf un très petit nombre d'exceptions, les femmes n'ont pas combattu dans la Vendée. Elles s'étaient vouées à une autre mission, bien grande, bien belle aussi. Lorsque tonnaient le canon et la fusillade, les femmes vendéennes ne se contentaient pas de s'agenouiller dans les églises, dans les maisons, au milieu des champs, et de prier pour leurs pères, leurs maris, leurs fils, leurs frères engagés dans la lutte. Femmes de gentilshommes ou de paysans, elles préparaient des vivres pour les combattans, des secours pour les blessés qu'elles soignaient avec le dévoûment le plus admirable. Que de femmes, dans les guerres de l'Ouest, ont fait preuve de courage et de sang-froid ailleurs que sur les champs de bataille, quand elles cachaient des fugitifs, des proscrits, au risque de l'échafaud promis à leur pieuse hospitalité !

Toutefois, on peut citer quelques femmes que des circonstances extraordinaires ou un caractère d'une puissante énergie, avaient jetées au milieu des combattans. Il en est une surtout qui a fait toutes les guerres de la Vendée, et que sa bravoure, qui eût été prodigieuse même chez un homme, avait rendue célèbre. Long-temps les plus vaillans Vendéens l'admirèrent et la prirent pour modèle sans savoir que leur émule de courage fût une femme : cette femme, c'est Renée Bordereau, plus connue sous son nom de guerre de *Langevin*.

Renée Bordereau était née en juin 1770, dans la paroisse de Soulaine, non loin des Ponts-de-Cé, dans l'Anjou vendéen. Ses parens étaient de simples paysans qui l'élevèrent dans de vifs sentimens de vertu et de piété, mais sans qu'elle reçût, du reste, aucune instruction.

Jusqu'à l'époque de la *grande guerre*, la vie de Renée Bordereau s'écoula paisible dans son village. Avec l'année 1793 arrivèrent l'insurrection de la Vendée et la sanglante invasion des armées révolutionnaires. Quarante-deux personnes de la famille de Renée périrent successivement : de ce nombre fut son père ; il fut égorgé sous les yeux de sa fille. Ce meurtre la transporta d'un tel sentiment de rage et de désespoir, qu'elle résolut de se vouer désormais à servir Dieu et le roi, et à punir les assassins de ses parens.

Dans ce dessein, Renée achète d'abord un fusil à deux coups et se met à tirer au blanc pour s'exercer. Ayant acquis une grande adresse, elle se procure un costume d'homme et se réunit à cinq cents habitans de sa paroisse, qui, sous le commandement de leur capitaine *Cœur-de-Roi*, allaient se réunir à l'armée de M. de Bonchamps. Renée avait pris d'abord le nom de son frère Hyacinthe ; mais ses camarades lui donnèrent celui de *Langevin*, qu'elle garda toujours.

Renée Bordereau eut bientôt l'occasion de faire ses premières armes. Elle racontait franchement qu'aux premières affaires où elle se trouva, le bruit des coups de fusil ne laissait pas que de lui causer une certaine émotion. Désespérée de ne pas sentir en elle plus de courage, Renée leva les bras au ciel : « Bon Dieu, » dit-elle, « ne me donnerez-vous pas plus de cœur pour combattre vos ennemis ? » Après cette invocation, elle se sentit animée, comme par miracle, d'un courage tout nouveau. Depuis ce temps elle ne connut jamais la peur, même dans les plus grands périls.

Renée Bordereau s'était enrôlée dans la cavalerie. Cette fille de vingt-trois ans, en veste, en pantalon, en grosses bottes, chargeait, la bride entre les dents, le sabre d'une main, le pistolet de l'autre, contre les escadrons des républicains, même contre leurs terribles cuirassiers, comme un soldat vieilli sous les armes. Quelquefois, lorsque la cavalerie ne pouvait pas donner, Renée Bordereau, qui ne voulait perdre aucune occasion de combattre, quittait son cheval, le laissait à garder à quelque ami, le plus souvent à un des prêtres qui suivaient l'armée pour y remplir leur saint ministère, et elle se mêlait aux fantassins. Ce fut ainsi que Renée Bordereau se trouva aux batailles de Thouars, de Fontenay, de Saumur, ne quittant son drapeau, dans l'intervalle de deux affaires, que pour aller dans son canton recruter de nouveaux soldats. Etant aux Ponts-de-Cé, pour attendre l'armée qui marchait sur Angers, et de là sur Nantes, Renée Bordereau s'ennuya de son inaction. Il lui prit fantaisie, avec deux autres cavaliers vendéens, d'aller dîner à Angers, chez des dames de sa connaissance. Au retour de cette téméraire partie de plaisir, dans une ville encore au pouvoir des républicains, Renée et ses deux compagnons passèrent devant l'arbre de la liberté, qu'ils auraient abattu sans la crainte de casser leurs sabres. Personne n'osa rien leur dire, si ce n'est trois républicains qui leur crièrent de rengainer leurs armes. « Nous allons vous les engaîner dans le ventre, » répondirent les trois Vendéens. Les républicains s'enfuirent sans attendre l'effet de la menace. Renée et ses camarades revinrent tranquillement aux Ponts-de-Cé, où ils firent ôter la cocarde tricolore à plus de deux cents *pataudss* qui étaient venus là pour voir passer l'armée vendéenne.

A l'attaque de Nantes, Renée, qui, ce jour-là, combattait à pied, fut du nombre des braves qui pénétrèrent jusque dans les faubourgs de la ville. A Martigné, Renée reçoit une balle à la jambe ; à Luçon, une autre balle l'atteint au dessous de l'oreille, si grièvement que ses camarades la crurent morte. Cette blessure ne l'empêcha pas de combattre encore tout le reste de la journée. Plus d'une fois les généraux vendéens, Stofflet, par exemple, profitèrent des avis de Renée, dont le bon sens, la justesse de coup d'œil militaire n'étaient pas moins remarquables que la bravoure. Souvent, quand les Vendéens étaient repoussés, Renée s'arrêtait, au milieu du feu et de la poursuite des ennemis, pour prendre sur son cheval de malheureux blessés. Faisait-elle sur les républicains quelque prise importante, toutes ces valeurs étaient remises aussitôt par elle à ses chefs, sans qu'elle en conservât rien. Dans un combat, près de Saint-Lambert-du-Lattay, Renée Bordereau tua quatre républicains, dont l'un, comme elle le racontait, portait un enfant de six mois enfilé, avec deux poulets, dans sa baïonnette. Que l'on ne s'y trompe pas : de la part des soldats de la république, ces horreurs n'étaient pas une exception, mais une habitude. A la bataille des Ponts-de-Cé, Renée Bordereau poursuivit les ennemis jusque dans la ville, sabrant devant elle, à droite, à gauche, tout ce qui se présentait. A elle seule, Renée tua ou mit hors de combat, ce jour-là, vingt et un républicains. « Ce n'est pas moi qui les ai comptés, » disait-elle, « mais ceux qui me suivaient, et, s'ils ne l'avaient pas dit, je n'en aurais pas parlé moi-même. »

Renée Bordereau semblait réellement se multiplier pour se trouver à toutes les affaires importantes sur tous les points de la Vendée. Elle prend part à la terrible lutte de Cholet. Elle arrive à Saint-Florent avec l'armée pour traverser la Loire. Renée passe sur son cheval à la nage. Ayant vendu

300 fr. le cheval d'un hussard qu'elle avait tué à Candé, elle fait cadeau de la somme à son commandant, M. Mouchet, de Chemillé, qui se trouvait sans ressources, lui et ses deux enfans. A Laval elle sauve la vie à un commissaire républicain, que les Vendéens voulaient fusiller. Dans la terrible affaire nocturne de la Croix-Bataille, près de cette ville, Renée fut un des braves qui, au milieu de cette mêlée où l'éclair du canon et de la fusillade permettait seul aux combattans de se reconnaître, allèrent prendre des cartouches jusque dans les caissons de l'ennemi.

Deux jours après, dans la seconde bataille de Laval, Renée est blessée au bras droit. Le lendemain, dès le matin, étant sortie de la maison où elle logeait, Renée va s'exercer contre un châtaignier, à tirer le pistolet de la main gauche, afin de se trouver, selon son habitude, à l'avant-garde, quand l'armée se remettrait en route. En effet, quand on quitta Laval, Renée marcha avec les premiers. « Pourquoi es-tu là, puisque tu es blessé ? lui dit Stofflet. — Je veux me faire blesser encore, et je veux aller à l'avant-garde, » répond Renée avec un peu d'humeur. Stofflet allait se fâcher, quand M. Mornard, d'Angers, qui était de la même compagnie, prit le parti de Renée. Stofflet insista tellement alors pour savoir le nom du cavalier si opiniâtre à rester au poste du danger, que M. Mornard dut satisfaire la curiosité du général. Stofflet, depuis ce temps, voua au brave *Langevin* une confiance et une amitié inaltérables.

Après la malheureuse attaque d'Angers, où elle avait tenu ferme pendant quatre heures à la porte Saint-Michel, Renée se dirige avec quelques cavaliers vers les Ponts-de-Cé, pour voir si l'armée pourrait repasser la Loire de ce côté. Au retour de cette infructueuse reconnaissance, Renée est chargée d'en faire une autre sur la route de Baugé. Au bout d'une demi-lieue, elle rencontre onze hussards républicains qui proposent aux cavaliers vendéens de *boire un coup* avec eux. Renée et les siens acceptent la proposition, en disant qu'un bon soldat n'a pas peur d'un autre, et qu'ils ont grand' soif. Les deux troupes vident ensemble quelques bouteilles de vin; puis, se retirant à portée de pistolet l'une de l'autre, elles engagent un combat où les Vendéens mettent en fuite les hussards, qu'ils poursuivent jusqu'à Baugé. Singulier exemple d'une espèce de duel chevaleresque, jeté au milieu des atrocités républicaines!

Plus loin, Renée donne son cheval, tout son argent à des dames qui, obligées de porter leurs enfans dans leurs bras, ne pouvaient plus suivre l'armée. A la bataille du Mans, elle figure parmi les intrépides soldats qui, après la désastreuse évacuation de la ville par les Vendéens, continuèrent de se défendre pendant toute la nuit, jusqu'au matin, dans les maisons, arrêtant ainsi les républicains et protégeant la retraite désordonnée de l'armée.

Renée Bordereau parvient avec quelques camarades à repasser la Loire à Ancenis, sur des barriques et des ais mal liés ensemble. Elle rentre dans la Vendée : là, elle se joint aux rassemblemens qui n'ont pas cessé, sur ce sol dévasté, de faire aux républicains une infatigable guerre. Le brave Loiseau, de Trémentine, un des plus fameux cavaliers vendéens, et René Véron, de Nevy, étaient ses compagnons assidus dans ses expéditions (1). Un jour, se trouvant sur la paroisse de la Poitevinière, avec Loiseau, Véron, et trois autres cavaliers, Renée apprend que des gendarmes conduisent prisonniers M. et Mme de la Bouère ainsi que leurs enfans, et Mme de Cambourg. C'était autant de victimes pro-

(1) René Véron, un des plus braves entre les braves de la Vendée, vivait encore en 1832. Agé alors de soixante-trois ans, et toujours animé de la même énergie de sentimens, il voulut prendre part à la nouvelle insurrection, fut arrêté, et resta six mois dans les prisons d'Orléans. Il est mort en 1837.

mises à l'échafaud. Les six Vendéens n'hésitent pas. Ils s'embusquent sur le passage du convoi. Dès qu'ils l'aperçoivent, ils fondent avec impétuosité sur les gendarmes et délivrent les prisonniers.

Dans toute cette guerre qui suivit le désastre d'Outre-Loire, et qui, moins connue que la *grande guerre*, abonde cependant en faits d'armes mémorables, Renée Bordereau soutient si bien sa réputation, que les gens de la Pommeraie, de Chalonnes, de Saint-Laurent de la Plaine, veulent la nommer leur commandant, offrant de lui donner un secrétaire. Renée refuse en disant « qu'elle n'est pas capable » de remplir la place qu'on lui fait l'honneur de lui proposer. »

Enfin, on vient à parler de pacification. Renée est envoyée à Angers avec quatre cavaliers, pour porter une correspondance au représentant Delaunay. Comme elle revenait de remplir sa mission, Renée est insultée dans la rue et arrêtée. On la conduit chez le commandant de la place. On épuise auprès du soldat, dans lequel on est bien loin de soupçonner une femme, toutes les promesses, toutes les menaces pour l'engager à quitter son drapeau. Sur son refus obstiné, on finit par la relâcher.

La paix fut conclue : mais les républicains n'en mirent pas moins tous les moyens en œuvre pour se débarrasser de ce *Langevin*, signalé comme un des plus dangereux ennemis de leur parti. Sa tête fut mise à prix; plusieurs fois on vint pour l'arrêter, et toujours Renée sut échapper à force de sang-froid et de présence d'esprit.

A la reprise d'armes de 1799, *Langevin* reparut dans les rangs vendéens, brave comme toujours. Une nouvelle pacification survint, mais *Langevin* resta en dehors de celle-ci comme de la première. Elle fut obligée de se cacher dans la paroisse d'Izernay. La *brigande* qui avait eu tant d'occasions de profiter des dépouilles des vaincus, se trouva réduite alors, pour vivre, à charrier de la chaux avec un cheval, pendant la nuit, ne voulant, suivant son expression, *faire de tort à personne*.

Emprisonnée d'abord sous le plus absurde prétexte, puis relâchée, mise en surveillance à Cholet; arrêtée de nouveau, parce que, disait-on, elle empêchait de partir les jeunes gens appelés au service, Renée Bordereau fut enfermée à Beaupréau; puis on la conduisit à Angers, avec quinze conscrits liés et garrottés. Deux cents hommes les escortaient. En passant à Saint-Lambert du Lattay, un des champs de bataille de la Vendée, on demanda à Renée combien elle avait tué là de républicains? « Le plus » que j'ai pu, » répondit-elle, « et mon regret est que vous » ne fussiez pas du nombre : vous ne me conduiriez pas » aujourd'hui. » — « Si nous étions les maîtres, » répondirent les soldats, « tu n'en ferais pas davantage, nous te » tuerions sur-le-champ; la guillotine sera trop douce pour » toi. »

En arrivant à Angers, on emprisonna Renée dans le château, et là, comme à Beaupréau, on lui dit que si elle avait regret d'avoir fait le *brigandage*, si elle voulait renoncer à son parti, on la mettrait en liberté. Nouveaux refus de la Vendéenne. Elle resta au secret pendant trois semaines; on la tint dix-huit mois enfermée avec les folles qu'on lâchait à dessein contre elle. « Mais, » disait Renée, « la puissance de Dieu est grande; il répandit ses bé» nédictions sur moi et sur tous les honnêtes gens qui » subissaient le même sort. »

Cette affreuse captivité, aggravée sans cesse par les plus odieux traitemens, réduisit Renée à l'agonie. Ce fut à grand'peine qu'un charitable prêtre obtint la permission de la confesser et de lui donner quelques secours qui ranimèrent un peu ses forces. Renée, décidée à braver tous les périls pour sortir de cette horrible prison, forma un plan d'évasion hardi. Elle avait déjà commencé à percer un mur; on s'en aperçut, et ses geôliers la traitèrent plus cruellement que jamais.

Bientôt on fit partir Renée pour le Mont-Saint-Michel, avec six prisonniers. « Vous avez toujours été à la tête des brigands, » lui dit-on avec une féroce ironie, « on va encore vous y mettre; » et on la fit marcher en tête de ses compagnons d'infortune, attachée à une chaîne qui passait autour du cou des six hommes. Dans cet état, Renée fit soixante lieues, toujours maltraitée et n'ayant pas même de paille dans les cachots où elle passait la nuit.

Au Mont-Saint-Michel, Renée endura toutes les souffrances, tous les raffinemens de barbarie que l'imagination peut se figurer. Elle n'eut pas d'autre nourriture que du pain et une demi-bouteille d'eau par jour; pas d'autre coucher que les six livres de paille que devaient se partager quinze prisonniers. La plume se refuse à décrire, dans tous leurs détails, les tortures de cette infortunée au fond de ce cachot infect. Même dans les gelées les plus rigoureuses, elle n'eut jamais de feu. Durant un des hivers qu'elle passa au Mont-Saint-Michel, trois de ses compagnons périrent de froid. Or, ce n'était plus en 1793, c'était en plein régime impérial que se commettaient ces lâches abominations.

Le retour des Bourbons, en 1814, mit seul un terme aux souffrances de Renée. Elle était restée deux ans au Mont-Saint-Michel, sans compter trois ans d'une horrible captivité à Angers.

Renée Bordereau vint à Paris où elle retrouva plusieurs de ses anciens chefs. Elle fut présentée au roi par le marquis Louis de La Rochejaquelein. Elle était en simple costume de paysanne, portant le *sacré cœur* sur ses habits de femme, comme autrefois, dans les combats, elle le portait sur ses habits d'homme, et décorée du *lys* qu'elle avait reçu de Mgr le duc de Berry. D'après la demande de Mmes de

La Rochejaquelein et de Chastellux, elle dicta, sur ses campagnes, des Mémoires précieux par le naturel, qui ont été imprimés avec toutes leurs naïves incorrections. Ils sont accompagnés du portrait de l'héroïne. Renée Bordereau, heureuse d'avoir vu le roi rétabli sur son trône, se retira, avec une pension, dans son pays natal. Elle y est morte en 1828.

Telle fut cette femme. Dans sa vie guerrière, dans toutes ses épreuves, le brave cavalier *Langevin* resta toujours une fille de mœurs irréprochables. Sans cette conduite si pure, les généraux vendéens, dont la sévérité à cet égard était extrême, n'auraient pas toléré sa présence sous les drapeaux. L'histoire de Renée Bordereau excite à la fois l'admiration et l'étonnement; et cependant son existence est à peu près inconnue hors de la Vendée; car, répétons-le toujours, il est des héros et des actions que l'on nous eût fait admirer depuis le collége, s'ils dataient de deux mille ans, et s'ils appartenaient à Rome ou à la Grèce, et que l'on semble exprès mettre en oubli, parce qu'ils sont de notre pays et de notre époque.

FIN.

www.ingramcontent.com/pod-product-compliance
Lightning Source LLC
LaVergne TN
LVHW020042170826
845678LV00001B/377